Lilja Brik:
Schreib Verse für mich
Erinnerungen an Majakowski
und Briefe

W0012704

Aus dem Russischen von Ilse Tschörtner
Herausgegeben und mit einem Vorwort versehen
von Wassili Katanjan

Deutscher
Taschenbuch
Verlag

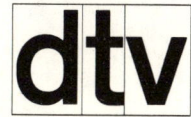

Ungekürzte Ausgabe
Oktober 1993
Deutscher Taschenbuch Verlag GmbH & Co. KG,
München
© 1991 der deutschsprachigen Ausgabe:
Verlag Volk und Welt GmbH, Berlin
ISBN 3-353-00874-8
Umschlagtypographie: Celestino Piatti
Umschlaggestaltung unter Verwendung eines Fotos
der Autorin
Die Originaltexte und Fotos entstammen dem Brik-Archiv
Das Rodtschenko-Foto S. 170 wurde von der
Avantgarde-Galerie Berlin zur Verfügung gestellt
Gesamtherstellung: C. H. Beck'sche Buchdruckerei,
Nördlingen
Printed in Germany · ISBN 3-423-11745-1

Das Buch

Lilja Brik war nicht nur Majakowskis Geliebte; sie blieb auch stets seine Vertraute. Bis zum Freitod des Dichters 1930 waren Lilja und ihr Mann, der Literaturtheoretiker Ossip Brik, Majakowskis eigentliche Familie. Sie wohnten zusammen, halfen sich über seelische und schöpferische Krisen hinweg und arbeiteten gemeinsam an Büchern und Filmen. Die Briks waren die ersten Leser und Kritiker seiner Texte, und Lilja war ein Großteil seiner Lyrik gewidmet. In seinem Abschiedsbrief beauftragt er die beiden, sich seines Nachlasses anzunehmen. Lilja Briks sehr persönlich gehaltene Erinnerungen an ihre Zeit mit Majakowski vermitteln nicht nur Einblick in das Leben und Schaffen dieses ungewöhnlichen russischen Dichters sowie in die kulturelle Atmosphäre der zwanziger Jahre, sondern sie sind auch ein beredtes Zeugnis des spannungsreichen Lebens einer Frau, die »wie keine andere in der sowjetischen Literatur das Interesse der Öffentlichkeit auf sich zog« (Süddeutsche Zeitung).

Die Autorin

Lilja Brik, ältere Schwester der später mit Louis Aragon verheirateten Schriftstellerin Elsa Triolet, wurde 1891 als Tochter eines Rechtsanwalts und einer Pianistin in Moskau geboren. Nach dem Besuch des Gymnasiums heiratete sie den Literaturtheoretiker und Dramatiker Ossip Brik. Im Sommer 1915 lernte sie Majakowski kennen, der fortan bei den Briks lebte. Die offizielle Literaturkritik versuchte über mehrere Jahrzehnte hinweg, Lilja Brik aus Majakowskis Biographie zu eliminieren, eifrige Retuscheure entfernten sie sogar von Fotos. Ihre Erinnerungen, aufgeschrieben zwischen 1956 und 1977, durften erst 1989 in Moskau erscheinen, elf Jahre nach Lilja Briks Freitod.

Vorwort

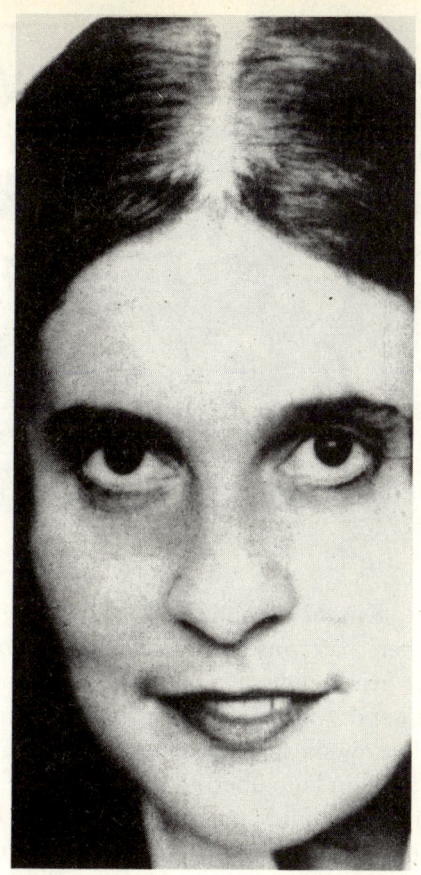

Ich habe von ihr gehört, seit ich denken kann. Anfangs verkehrten meine Eltern in ihrem Freundeskreis, später, Mitte der dreißiger Jahre, ergab es sich, daß ich ihr Leben mit all seinen Freuden und Erschütterungen aus der Nähe miterlebte und in Freundschaft mit ihr verbunden war bis zu ihren lezten Tagen im August 1978, als sie den Freitod suchte. Mein Vater Wassili Abgarowitsch Katanjan hatte sie 1938 geheiratet, so daß uns verwandtschaftliche Beziehungen verknüpften.

»ihr Haus war immer voller Gäste«

In meiner Kindheit wohnte ich den Sommer über in ihrer Nachbarschaft; unsere Datschen lagen nebeneinander. Meine Erinnerungen daran sind nur undeutlich: viele Leute auf der Terrasse – ihr Haus war immer voller Gäste –, Majakowski trägt Gedichte vor. Von einem dieser Abende ist ein Foto überliefert: Alle stehen oder sitzen auf den Stufen um Majakowski geschart – Lilja, Ossip Brik und seine Frau Shenja, der Maler Rodtschenko, einige vom Lef, Liljas Schwester, der Tschekist Agranow, Natalja Brjuchanenko, die Haushälterin Annuschka, kurz, viele von denen, die die eine oder andere Rolle in ihrem und Majakowskis Leben spielen sollten.

Einmal bin ich Majakowski begegnet, als er an unserer Datsche vorbeischlenderte. Ich grüßte ihn, er fragte:

»Wie heißt du?«

»Wassja Katanjan.«

»Aha! Dann sag deinem Vater, er soll heute abend spielen kommen.«

Ich wunderte mich – so große Onkels spielen noch? Anscheinend sah er mir das an, denn er erklärte:

8

»Karten! Karten spielen!«

Er war ein großer Kartenspieler, liebte überhaupt alle Glücksspiele – Ma Jong, Roulette usw.

Sie wohnten immer zusammen: Majakowski, Lilja und Ossip Brik. Davon werden Sie in Liljas Erinnerungen lesen. Sie waren ein Bund Gleichgesinnter, der zu jeder Zeit Bestand hatte: als Lilja Majakowskis Geliebte war und auch später, nach 1925, als ihr Verhältnis zueinander einen rein freundschaftlichen Charakter angenommen hatte. Dieser Dreierbund war natürlich etwas Ungewöhnliches, doch den Beteiligten behagte er – und das ist das Wichtigste.

Manch Spießer nahm jedoch daran Anstoß und versuchte sich einzumischen und kluge Ratschläge zu erteilen, die keiner benötigte. So war es damals, so ist es noch heute.

Das heißt aber nicht, daß sie es leicht miteinander gehabt hätten. Zwei in diesem Dreieck, das Majakowski seine Familie nannte, waren von vornherein zu einer Tragödie verurteilt, die folgenden Grund hatte: Lilja liebte Ossip Brik, der sich aus ihr als Frau nichts machte, Majakowski hingegen liebte Lilja, liebte und begehrte sie grenzenlos, was sie nicht mit gleicher Stärke erwidern konnte. Seit ihrem dreizehnten Lebensjahr gehörten ihre Gefühle allein Ossip.

In ihrem Tagebuch notierte sie: »Seit meiner Begegnung mit Majakowski hat es zwischen Ossja und mir keine intimen Beziehungen mehr gegeben; dieser ganze Klatsch von ›Dreiecksverhältnis‹ und ›Liebe zu dritt‹ entspricht auch nicht annähernd der Wahrheit. Ossja habe ich geliebt, liebe ich und werde ich lieben – mehr als einen Bruder, mehr als einen Ehemann, mehr als einen Sohn. Von solcher Liebe habe ich noch nirgends gelesen. Diese Liebe war meiner Liebe zu Wolodja nicht hinderlich. Ich mußte Wolodja einfach lieben, weil Ossja ihn so liebte. Er sagte, Wolodja sei für ihn kein Mensch, sondern ein Ereignis.«

Und wenn Liljas Leidenschaft zu Ossip unerwidert geblieben ist, rührt nicht vielleicht daher die ganze Unrast ihres Lebens – die vielen Verehrer, die sie um den Finger wickeln konnte und bald erhörte, bald zurückwies, die wechselnden Bekanntschaften und Freundschaften, all die Zerstreuungen, Empfänge, Premieren, Vernissagen, Reisen, das Bedürfnis, immer dabeizusein, immer die erste zu sein, dieser ganze Strudel, in dem sie kreiste wie in einem unaufhörlichen Fest? Am Ende suchte sie darin ein Mittel, jene Leere auszufüllen, die nur ein Mensch hätte ausfüllen können – derjenige, der sie weniger liebte als sie ihn.

Ossip Brik starb im Februar 1945 an einem Herzinfarkt. Lilja sagte mir später: »Als Wolodja sich erschoß, starb Wolodja. Als Primakow erschossen wurde, starb er. Aber als Ossja starb, da bin ich gestorben!«

1931 ging sie die Ehe mit Vitali Markowitsch Primakow ein. Er war ein angesehener General der Roten Armee, Held des Bürgerkrieges. Auch sie wohnten in ihrer neuen Wohnung auf dem Arbat und auf ihrer Datsche in Kraskowo zusammen mit Brik. Brik seinerseits war schon seit mehreren Jahren mit einer hübschen jungen Frau verheiratet, die er liebte und mit der er viel gemeinsame Zeit verbrachte. Sie lebte allerdings in einer eigenen Wohnung, was immer wieder Befremden und Mißbilligung hervorrief.

1937 erlitt Lilja eine Erschütterung – ihr Mann Vitali Primakow wurde zusammen mit anderen hohen Militärs verhaftet und erschossen (wie wir heute wissen, ohne jede Schuld). Ossip Brik blieb an ihrer Seite. Ein Jahr darauf heiratete sie den Literaten Wassili Katanjan, und wiederum lebten sie zu dritt in einer Wohnung. Sie hielten auch in der Zeit der Evakuierung zusammen, da wohnten sie zu viert in einer Hütte in einem kleinen Ort im Ural.

Lilja sagte immer, sie sei viermal im Leben verheiratet gewesen: mit Brik, Majakowski, Primakow und Katanjan. Und alle ihre späteren Ehemänner verstanden sich gut mit Ossip Brik, liebten und achteten ihn.

Heute, nach so langer Zeit, weiß kaum noch jemand davon, und die Zeugen werden von Jahr zu Jahr weniger... Aber bei der Lektüre der Erinnerungen und Briefe sollte man dies im Hinterkopf haben.

Lilja und Majakowski hatten also ihre intimen Beziehungen gelöst, blieben aber unter einem Dach wohnen (in dem Haus in der Gendrikow-Gasse). Zusammen mit Brik bildeten sie eine Familie, in der man sich einig wußte in den geistigen Bestrebungen, immer Freundschaft hielt, sich umeinander kümmerte. Davon zeugen allein schon die Mitteilungen, die sie auf Zetteln füreinander hinterließen, wenn sie aus dem Haus gingen:

»Küsse Dich, Mauz, bin gegen 6 zu Hause.«

»Wauchen! Im Herd sind Krautrouladen. Deine Mauz.«

Diese Zeugnisse gegenseitiger Aufmerksamkeit und Fürsorge gibt es in Hülle und Fülle. Und als Unterschrift tragen sie jeweils ein gezeichnetes Hündchen (er) oder ein gezeichnetes Kätzchen (sie).

Lilja war nicht der Schatten von Majakowski, von ihr ging eigenes Licht aus. Sie war eine starke Persönlichkeit. Menschen, deren Namen in die Geschichte der

Die Eltern von L. Brik: Jelena Juljewna Kagan (geb. Berman)
und Uri Alexandrowitsch Kagan

Kunst oder Wissenschaft eingegangen sind, haben die Bekanntschaft mit ihr gesucht und geschätzt. Dabei war sie stets kompromißlos und anspruchsvoll. Vor allem mit Leuten, die Majakowski nicht mochten oder seine Bedeutung herunterspielen wollten, ging sie hart ins Gericht. Daraus erwuchsen ihr Feinde, sie war gefürchtet und geachtet zugleich. Manch einer haßte sie auch und ergriff die erstbeste Gelegenheit, es ihr zu zeigen. Sie ließ sich jedoch nie einschüchtern, konterte stets scharf und schlagfertig. Überhaupt war sie ein sehr offener Mensch, hielt mit dem, was sie dachte, nicht hinterm Berg. Auch wenn sie jemanden so liebte und schätzte wie Majakowski, Elsa, Maja Plissezkaja oder Roman Jakobson, konnte sie ihm ihre Kritik direkt ins Gesicht sagen, was für sie selbst natürlich nicht angenehm war. Aber Heucheln konnte sie nie.

Bei all ihrer Empfindsamkeit und Güte konnte Lilja durchaus auch egoistisch, unduldsam und launisch sein, andere mit ihrem Verhalten zum Weinen bringen. In ih-

L. Brik mit ihrer Schwester Elsa,
Moskau 1896

rer Jugend galt für sie nichts mehr als die Freiheit in der
Liebe. Sie vertrat die Moral der »neuen Menschen in einer neuen Epoche« und ging freimütig auf Verehrer ein,
ohne die Folgen zu bedenken. Ihr Leben lang schwamm
sie gegen den Strom. Als sie im Gymnasium war, nahm
sie eines Tages die Schere und schnitt sich die flam-
mendroten Zöpfe ab, um nicht mehr wie ein sittsames
Töchterchen auszusehen – zum Entsetzen ihrer Lehrer
und Eltern.

Ihr Vater war Rechtsanwalt, ihre Mutter Musiklehre-
rin. Lilja wurde am 11. 11. 1891 in Moskau geboren. Fünf
Jahre später kam ihre Schwester Elsa, die künftige Elsa
Triolet, zur Welt. Lilja war der Liebling der Eltern, obwohl sie ihnen ständig zu schaffen machte, sich bald für
dies, bald für jenes begeisterte, sich stets in den
»Falschen« verliebte und bei weitem nicht die Bücher
las, die ihr der Vater ans Herz legte.

Sie war talentiert und intelligent, hatte ein vorzügliches Gedächtnis. Über ihr Talent meinte sie freilich ein-

mal skeptisch, irgendwas habe sie immer abgehalten, es auch umzusetzen. »Kaum hatte ich etwas angefangen, kam eine neue Romanze dazwischen, oder ich mußte verreisen, oder mich lenkte etwas Interessanteres ab.«

Nehmen wir diesen Ausspruch als Zeichen ihrer Selbstironie. Lilja besaß durchaus literarisches Talent und hat nicht selten zur Feder gegriffen. Manchmal aus einem inneren Bedürfnis heraus, manchmal aus materiellen Gründen (und solche Gründe gab es in ihrem Leben mehr, als man gemeinhin denkt). Damit ist nicht ihre Arbeit an Majakowskis Gesammelten Werken gemeint, die sie jahrelang redigierte und kommentierte, oder die von ihr zusammengestellten Majakowski-Ausgaben und ihre Mitwirkung beim Aufbau des Majakowski-Museums. Lilja schrieb umfangreiche Erinnerungen, von denen hier nur der Teil über Majakowski vorgestellt wird. Andere Kapitel beschreiben ihre Jugendjahre, ihre Usbekistan-Reisen mit Brik und ihr Leben im alten Petersburg, d. h. noch vor dem ersten Weltkrieg. Außerdem hinterließ sie eine Fülle von Tagebüchern. Lilja übersetzte viel aus dem Französischen, vor allem kunst- und literaturtheoretische Aufsätze, Erzählungen, Theaterstücke, schrieb aber auch selbst Essays. Aus ihrer Feder stammen Arbeiten über Majakowski, wie zum Beispiel »Majakowski und fremde Verse« (hier als Teil der Erinnerungen eingearbeitet), »Dostojewski und Majakowski« und das dokumentarische Feuilleton »Wie es war«, sowie Drehbücher und Umschauen für Zeitungen und Zeitschriften. Manches davon ist erschienen, manches blieb in ihrem Archiv.

Übrigens gibt es auch Plastiken von ihr (sie hatte in München Modellieren gelernt), zum Beispiel eine Majakowski-Büste, die heute im Majakowski-Museum, und eine Brik-Büste, die heute im Literaturmuseum stehen.

Wie man sieht, war ihr Ausspruch hinsichtlich ihres Talents nichts weiter als ein Scherz. Auch darin war sie eine Meisterin.

Zwei Talente kann man ihr jedoch auf keinen Fall absprechen: Erstens das »Talent zu leben« und zweitens die Gabe, in noch unbeachteten Künstlern bereits den »Gottesfunken« zu entdecken.

»Talent zu leben« meint ihre Fähigkeit, die häusliche Umgebung ästhetisch angenehm und zugleich praktisch zu gestalten, was diesen Begriff aber nicht ausschöpft. Im Laufe ihres langen Lebens ist Lilja etliche Male umgezogen, doch selbst dort, wo sie nur ein paar Wochen bleiben konnte, wußte sie sich im Handumdrehen schön und gemütlich einzurichten. Sie kaufte Dinge, die scheinbar nicht zusammenpaßten, sich dank ihres geschmackvollen Arrangements aber vortrefflich vertrugen. Etwa ein usbekischer Wandbehang und ein Mahagonisekretär oder eine Spitzendecke und ein museales Popenservice oder Keramik von Léger und ein »spießiger« Gummibaum. Alles war mit Bedacht gewählt und meistens für wenig Geld erworben. Ihr Geschmack hat viele beeinflußt. Kurz nach dem Krieg war sie die erste, die Petroleumlampen kaufte und ihre Zimmer damit dekorierte. »Ich habe sie in Mode gebracht«, sagte sie einmal zu mir. Und tatsächlich tauchten diese Lampen bald auch in anderen Haushalten auf, wurden sogar im Ausland produziert, »kamen auf«. Ihre Lampen waren jedoch alle noch echt, rochen anfangs sogar nach Petroleum. Überhaupt liebte sie alles Echte, wußte es mit einem Blick von der Imitation zu unterscheiden.

Sie hatte eine Vorliebe für typisch russische Dinge – Porzellan, Spitze, handgewebte Tücher. Doch nicht aus Nostalgie oder weil es Mode war. Sie liebte die Kunst daran. Aus einfachen, unauffälligen Kopftüchern nähte sie sich hübsche Kleider, sie machte Tischdecken aus Kattun, hängte bunte Tabletts an die Wand. Einmal hatte sie ein Tablett gekauft, das alt und abgeblättert war. Sie bat den berühmten Maler Tyschler, es zu bemalen; ganz in seinem Stil malte er eine Frau, die eine Schüssel voller Früchte und Blumen auf dem Kopf trägt.

Später sah ich es bei Aragon wieder, Lilja hatte es ihm geschenkt.

Ich erinnere mich, daß sie in den Kriegsjahren, als selbst der Kauf eines kleinen Stückes Stoffes schwierig war, auf die Idee kam, sich einen Fenstervorhang aus bunten Flicken zu nähen. Eine aus der Not geborene Idee, aber ihr Resultat war überraschend – ein Kunstwerk. In den russischen Dörfern pflegte man von altersher Decken aus Kattunresten herzustellen. Zuweilen verwendete man sie auch als Wandschmuck. Aber ein Fenstervorhang in dieser Art war Liljas Erfindung. Pablo Neruda schenkte ihr bei einem Besuch ein kleines Schultertuch, das sie zu seinem Entzücken sofort an den Vorhang nähte.

Sie hatte ein untrügliches Gespür dafür, was in der Kunst heranreifte und zur Tendenz werden sollte. Es war verblüffend, wie genau ihre Voraussagen zutrafen. Und das wußten alle zu schätzen, die mit ihr verkehrten.

Sie konnte inspirieren, die Idee geben zu einem Poem, einem Film, einer Sonate oder einem Gemälde.

Alles, was sie anpackte, trug unweigerlich den Stempel ihrer Kreativität und ihres Schönheitssinns.

In den entbehrungsreichen Bürgerkriegsjahren stand Lilja Majakowski bei allen Schwierigkeiten tapfer zur Seite, unterstützte ihn, so gut sie nur konnte. Das berühmte Buch »Das sowjetische Alphabet« hatte er 1919 geschrieben. Er brachte das Manuskript zum Verlag, doch die Stenotypistin weigerte sich, »dieses Zeug« abzuschreiben. Da machte er die Zeichnungen und Unterschriften selbst, übertrug sie auf einen lithographischen Stein und druckte alles auf eigene Faust. Danach kolorierte Lilja jedes einzelne Exemplar mit der Hand. Es waren mehrere hundert. Heute ist dieses Bändchen eine bibliophile Rarität und hat einen hohen internationalen Auktionswert.

Um diese Zeit war es auch, daß sie das ihr gewidmete Poem »Wirbelsäulenflöte« mit der Hand abschrieb. Ma-

16

jakowski machte dazu die Illustrationen und den Umschlag, und das auf diese Weise entstandene Büchlein verkauften sie für einen Wert von zwei Mahlzeiten an ein Kommissionsgeschäft. Heute kann man es im Majakowski-Museum besichtigen: die Seiten, beschrieben von der klaren Handschrift der Heldin dieses Poems:

Sag, welcher jenseitige E. T. A. Hoffmann
hat dich, Vermaledeite, ausgedacht?!

In den fünfziger Jahren fertigte sie noch einmal eigenhändig ein Bändchen, diesmal mit Gedichten von Nikolai Glaskow. Glaskow gehörte zu den totgeschwiegenen Dichtern. Seine Gedichte – ungewöhnliche, die in keinen Rahmen paßten – waren ganze dreißig Jahre nicht gedruckt worden. Nachdem Lilja ihn kennengelernt hatte, bat sie ihn, der furchtbar heruntergekommen, halbverhungert war, täglich zum Mittagessen zu ihr zu kommen. Sie begann seine Gedichte, denen er selbst anfangs keine Bedeutung beimaß, zu sammeln. Nach einem Jahr ließ sie sie mit selbstausgesuchten Illustrationen und in eigener Gestaltung binden. Dieses Buch ist heute im Literaturmuseum ausgestellt.

Lilja konnte mit völlig neuen, von niemandem übernommenen Ansichten überraschen; sie vertrat sie gelassen, ohne übermäßig auf ihnen zu beharren, doch auch ohne von ihnen abzurücken.

»Lilja hat immer recht«, pflegte Majakowski zu sagen.

»Auch wenn sie behauptet, der Schrank stehe auf der Zimmerdecke?«

»Wenn sich der Schrank in einem Zimmer des dritten Stocks befindet, steht er aus der Perspektive des zweiten Stocks sehr wohl auf der Decke«, antwortete Majakowski völlig ernst.

Meistens, wenn auch erst nach Jahren, stellten sich ihre Meinungen als prophetisch heraus und fanden Anerkennung. So z. B. auch die linke Kunst und der Futu-

17

L. Brik mit ihrem Mann Wassili Abgarowitsch Katanjan,
Moskau 1975

rismus, der erst nach vielen Jahren – übrigens weltweit – als Kunstströmung anerkannt wurde. Dem Futurismus ist Lilja Brik zeitlebens treu geblieben. Auch als mit Beginn der dreißiger Jahre der Wind in eine andere Richtung schlug, gab sie ihre Prinzipien nicht auf.

Einmal kam ihren Mann, Wassili Katanjan, den Majakowski-Biographen, ein Literat aus den USA besuchen. Nach ihrem Gespräch bat Lilja sie zum Abendessen. Am Tisch erwähnte der Gast, daß er über Paris gekommen sei, wo er sich mehrere Tage aufgehalten habe.

Lilja fragte:

»Sind Sie zufällig meiner Schwester begegnet?«

»Wer ist denn Ihre Schwester?«

»Elsa Triolet.«

»Mein Gott! Dann sind Sie Lilja Brik?!«

Der Gast war baß erstaunt. Er kannte Majakowski in- und auswendig und war überzeugt, Lilja gäbe es nur noch auf den Seiten seiner Bücher, sie sei in weiter Ferne, irgendwo in den zwanziger Jahren, und hatte sich nicht träumen lassen, daß die alte Dame vor ihm, die englisch mit ihm sprach und ihm Tee einschenkte, ebenjene Muse des Dichters, jene legendäre Frau sei ... Aber Legende und Legende ist zweierlei. Daß dieser Amerikaner nicht wußte, daß es Lilja noch gab, mag man noch verstehen. Wie aber läßt sich erklären, daß die sowjetischen Journalisten jahrelang so taten, als existiere sie nicht, oder Verleumdungen in die Welt setzten?

Keine Frau in der sowjetischen Literatur hat im Laufe der Jahrzehnte so viel Interesse auf sich gezogen wie Lilja Brik, und über keine andere ist so unterschiedlich, bald faktengetreu, bald verlogen, bald begeistert, bald verteufelnd, geschrieben worden wie über sie.

Auf ihre essayistischen Arbeiten – zum Beispiel »Dostojewski und Majakowski« – antwortete die reaktionäre Kritik mit groben Ausfällen, und ihre Erinnerungen wurden von antisemitisch gesinnten Funktionären durch den Schmutz gezogen.

Seiten über Seiten könnte man zu diesem Thema vollschreiben, zu all den mit ihrem Namen verbundenen Unterstellungen, Feindseligkeiten und Kampagnen und auch dazu, was sich dahinter verbarg.

Nur zu gut erinnere ich mich an mehrere 68er Nummern der – damals noch rechtsgerichteten, reaktionären – Zeitschrift »Ogonjok«. Sie enthalten denkwürdige, mit »W. Woronzow« und »A. Koloskow« unterzeichnete Artikel, in denen in unverschämtem Ton, ohne vor bösartigen Verdrehungen, antisemitischen Anwürfen und peinlichem Klatsch zurückzuschrecken, aus Majakowskis Privatleben berichtet wird. Das war ein regelrechter Reporterüberfall auf ein fremdes Schlafzimmer, der auch nicht die geringste Rücksicht darauf nahm, daß die Frauen, von denen die Rede war, noch lebten. Die meisten dieser vergifteten Pfeile richteten sich gegen Lilja Brik. Das hatte einen bestimmten Grund, den man aber über Jahre nicht einmal andeutungsweise beim Namen nennen konnte. Lilja Brik war die Zielscheibe einer politischen Intrige geworden. Der weltbekannte Schriftsteller Louis Aragon, Mitglied des ZK der KPF, Ehemann ihrer Schwester und freundschaftlich mit ihr verbunden, hatte gegen die Politik der KPdSU protestiert, insbesondere gegen den Prozeß Daniel und Sinjawski und den Einsatz sowjetischer Panzer in Ungarn und in der Tschechoslowakei. Auf den Femeruf des Chefideologen der Partei Michail Suslow setzte eine Pressekampagne gegen Lilja Brik ein. Indem man ihr die Schlinge um den Hals legte, hoffte man Aragon den Mund zu stopfen. Der Protest eines der angesehensten Schriftsteller des Westens paßte nicht in das offizielle Bild von der »weltweiten Unterstützung der Außenpolitik der UdSSR«... Lilja aber schrieb an Aragon: »Tu, was Du für richtig hältst, um uns mach Dir keine Gedanken. Viel zu lange haben wir nicht gewußt, was vorgeht...« Ausläufer dieser Kampagne schwirrten danach noch lange durch unsere Presse, sind womöglich heute noch anzutreffen.

Diese Aufnahme von 1918 wurde für eine Majakowski-Ausgabe von 1964 so retuschiert, daß L. Brik vom Foto verschwand.

»Es ist schrecklich, aber wahr«, hat Anna Achmatowa einmal geschrieben, »die Menschen sehen nur, was sie sehen wollen, und hören nur, was sie hören wollen. Auf dieser Eigenschaft der menschlichen Natur beruhen neunzig Prozent aller üblen Gerüchte, aller Scheinreputationen, allen wohlgehüteten Klatschs...«

Liljas Name, den Majakowski selbst auf seine Gesammelten Werke geschrieben hatte, wurde überall gnadenlos getilgt. Lilja gewidmete Gedichte erschienen ohne Widmung; ihr von Majakowski gezeichnetes Porträt wurde aus allen Ausstellungen entfernt; das bekannte Foto von 1918, auf dem Hof des Filmstudios »Neptun« aufgenommen, wurde für den Band »Sechs Adressen von Majakowski« (Moskau, 1964) so geschickt retuschiert, daß Majakowski nicht mehr mit ihr, sondern allein neben dem Baum zu sehen ist.

Doch häufig äußerten sich ausländische Medien über sie, man brachte Interviews mit ihr, zeigte sie im Fernsehen. Im Ausland wurden ihre Porträts und die ihr ge-

21

widmeten Bücher ausgestellt und Stücke und sogar Ballette aufgeführt, in denen sie figurierte.

Als der bekannte französische Choreograph Roland Pétit in Moskau gastierte, verbrachte er mehrere Abende bei ihr. Sein Ballett »Entzündet die Sterne« enthält ein großes Liebes-Adagio, dessen Helden Majakowski und Lilja sind. »Schade, daß sie nicht mit diesem Ballett gekommen sind und ich es nicht sehen kann«, sagte sie. – »Ihr Kulturministerium war dagegen, es den sowjetischen Menschen zu zeigen. Anscheinend ist Majakowski für Ihre Beamten zu revolutionär.« – »Außerdem werde ich gezeigt, und das geht schon gar nicht«, ergänzte Lilja trocken.

Das war nur eines jener niederträchtigen Manöver, die darauf abzielten, aus dem Gedächtnis der Menschen den Namen der Frau zu löschen, die mit der Gestalt des Dichters für immer verbunden ist. Aber all das hat sie bewundernswert standhaft ertragen, freilich mit einer gewissen Bitterkeit.

Als Alexej Krjutschonych, einer der ersten russischen Futuristen, oder der Maler und Fotograf Rodtschenko angeprangert wurden, betrachtete sie sie trotzdem weiterhin als Bahnbrecher.

Als man Picasso und Léger verdammte, übersetzte sie ihre theoretischen Aufsätze und tat alles, um andere mit ihrem Schaffen vertraut zu machen.

Mit Fernand Léger war sie lange eng befreundet. Sie hatte ihn 1925 in Paris kennengelernt, damals waren sie jung und fröhlich, gingen zusammen aus, tanzten in kleinen Lokalen zu Akkordeonmusik. Léger war noch nicht berühmt, Lilja gefiel seine Suche nach Neuem, das Ungewöhnliche, Unverwechselbare seiner Arbeiten.

»Damals sagte er«, so erzählte sie mir, »›du kannst so viele Bilder haben, wie du willst, nimm, was dir gefällt. Häng's dir zu Hause hin.‹ Aber wir Lef-Leute wohnten bescheiden, streng asketisch, wir meinten, ein Bild an der Wand einer Wohnung sei so gut wie ein Loch in der

22

Wand, Bilder gehörten auf Ausstellungen und in Galerien. So wählte ich nur eine Gouache.«

Im selben Jahr, 1925, hielt Léger an der Sorbonne den Vortrag »Farbe und Form«. Das Protokoll dieses Vortrags schickte er Lilja nach Moskau, wollte es in der Zeitschrift »Lef« veröffentlichen. Am Kopf des Protokolls steht von Légers Hand: »Lilja Brik gewidmet.« Lilja übersetzte es und tippte es auf dünnem Papirossa-Papier. »Anderes hatte ich damals nicht«, erklärte sie mir. Aber die Übersetzung ist bis heute nicht erschienen und befindet sich in Lilja Briks Archiv.

Als sie sich 1955 wiedersahen, machte sich Léger spornstreichs daran, ein Doppelporträt zu malen – sie und Majakowski. Doch mitten in der Arbeit erkrankte er schwer. »Ich besuchte ihn, setzte mich auf seinen Bettrand, und er fragte, welche Farben wir damals getragen hätten.

›Ich Rosa, Wolodja Braun‹, antwortete ich.

Er freute sich über diese Antwort, schmunzelte. Dieses unvollendete Porträt ist das letzte, womit er sich als Künstler befaßt hat. Bei der Trauerfeier stand es am Kopfteil seines Sargs.«

Das Haus der Briks in Moskau war für seine Gastfreundschaft berühmt. Lilja war eine vorzügliche Gastgeberin (oft bei bescheidensten Möglichkeiten), wußte interessante Menschen um sich zu scharen, ein Gespräch so zu führen, daß der Gesprächspartner sie unbedingt wiedersehen wollte. Sie hatte einen »Liebreiz, der auf den ersten Blick fesselte«, wie Lew Tolstoi über irgendjemanden schrieb. Sie gefiel, und das wollte sie auch, einem jeden wollte sie gefallen – jungen Männern wie alten, Frauen wie Kindern... Das lag ihr im Blut.

Menschen aus aller Welt besuchten sie, um etwas über Majakowski, über sie selbst und die ganze zurückliegende Epoche zu erfahren. Bereitwillig erging sie sich in Erinnerungen, doch erkundigte sie sich auch nach Neuigkeiten, denn sie lebte keineswegs nur retrospektiv, nur in die Lef-Jahre eingesponnen, sondern interessierte sich bis ins hohe Alter für alles Moderne; selbst noch mit 86 war sie stets nach der neuesten Mode und eleganter als andere gekleidet.

»Jetzt kommen neue Gedichte!« konnte sie einen Gast empfangen. Oder sie fragte: »Wer hat denn die Hauptrolle in dem Fellini?«, »Wie sind die Wahlen in der Tschechoslowakei ausgegangen?« oder: »Haben Sie die letzte Kollektion von Yves Saint Laurent gesehen? Was wird man tragen?«

In ihrem langen Leben gab es keinen Tag, an dem sie nicht einen ganzen Stapel Post bekommen hätte. Ihr wurde aus den verschiedensten Ländern, in den verschiedensten Sprachen geschrieben, oft von ganz fremden Menschen. Mit ihrer deutschen Korrektheit (ihre Eltern stammen aus dem Kurland) war es für sie eine Selbstverständlichkeit, daß sie auf jeden Brief antwortete.

So ist der epistolare Nachlaß von Lilja Brik gewaltig. Wollte man ihren gesamten Briefwechsel veröffentlichen, käme eine mehrbändige Ausgabe zusammen. Diese würde uns reichen Aufschluß über unser Jahrhundert geben, über das Leben bedeutender Menschen, über Bücher und Theateraufführungen, politische und literarische Kämpfe, die Entstehung künstlerischer Vorhaben und den Zusammenbruch von Hoffnungen.

Daß ihre Briefe und »Lebenszeichen« an sie einst Ausstellungsstücke werden würden, haben ihre Freunde natürlich nicht geahnt. Tatsächlich befindet sich aber heute das meiste im Museum – die Briefe von Majakowski und Elsa Triolet, Skizzen von Chagall, Zeichnungen von Yves Saint Laurent, Etüden von Léger, Briefe von Neruda, von Kornej Tschukowski, Roman Jakobson, Konstantin Simonow oder Maja Plissezkaja. Was noch nicht seinen »Hafen« in einer staatlichen Kulturpflegestätte gefunden haben sollte, wird dort zumindest mit Ungeduld erwartet. So wartet zum Beispiel ein Museum in Jerewan auf die Brief-Collagen, die einst der armeni-

Elsa Triolet, Moskau 1925. Foto von Alexander Rodtschenko

sche Regisseur Sergej Paradshanow Lilja Brik aus dem Gefängnis schickte.

Paradshanow hatte Lilja kennengelernt und war kaum zweimal mit ihr zusammengekommen, als ihm plötzlich, wie Bella Achmadulina über ihn schrieb, »die Freiheit genommen wurde, weil er frei war«. Gefängnis, Lager. Lilja schrieb ihm, sandte ihm Lebensmittel, Medikamente und Zeichenstifte. Er antwortete ihr, sandte ihr Collagen aus Makulaturpapier und Blumen, die er am Gefängniszaun gepflückt und dann gepreßt hatte, wahre Kunstwerke, die sie sorgfältig aufhob.

Es war ihre Gewohnheit, alles aufzuheben, was ihr gefiel und wichtig erschien. So hat sie nicht einen Schnipsel weggetan, der irgendwie Majakowski betraf, sich von Anfang an bewußt, mit wem sie es da zu tun hatte. Majakowski hat ihre Briefe ebenso aufbewahrt, sorgsam gebündelt wurden sie nach seinem Tod in seinem Schreibtisch gefunden.

Ihren Briefwechsel in ihrer Heimat herauszugeben war leider aussichtslos, daher übergab sie ihn in Form von Kopien dem bekannten schwedischen Linguisten Bengt Jangfeldt. So kam es, daß der vollständige Briefwechsel von Majakowski und Lilja Brik 1982 erstmals in Schweden erschien und danach auch in andere Sprachen übersetzt wurde. Wer sich für die Geschichte der russischen Avantgarde, den Futurismus und die ethische Suche der russischen Intelligenz zu Beginn der Revolution interessiert, kann aus diesem Buch viel Neues erfahren.

Mit ihrer Schwester, der Schriftstellerin Elsa Triolet, hat Lilja über ein halbes Jahrhundert engen Briefkontakt unterhalten. Elsa war 1918 mit ihrem Mann André Triolet nach Frankreich gegangen und hatte später Louis Aragon geheiratet. Diese Briefe aus ganz verschiedenen Jahren, reich an treffenden Erlebnisschilderungen und interessanten Gedanken und Urteilen, sind wie Streiflichter durch die jüngere Kunst- und Kulturgeschichte zweier Länder.

Ossip Brik und Lilja waren selten getrennt, haben einander daher weniger geschrieben. Außerdem ist manches verlorengegangen – die vielen Umzüge, die Haussuchung bei der Verhaftung von Primakow, der Krieg und die Evakuierung wirkten sich auf die Erhaltung des Familienarchivs nicht eben förderlich aus. Die hier ausgewählten Briefe schrieb Ossip Brik 1933 nach Berlin, wohin Lilja mit ihrem Mann Primakow, der dienstlich in Deutschland zu tun hatte, gereist war.

Diese weltweit erste Buchausgabe der Erinnerungen von Lilja Brik an Majakowski, ergänzt durch Briefe und Fotos, gewährt Einblick in das Leben einer faszinierenden Frau, die bis ins hohe Alter nichts von ihrer ungewöhnlichen Ausstrahlung verlor.

Moskau, 1990   Wassili Katanjan

Erinnerungen

In meinen Erinnerungen will ich weder von dem Revolutionär noch von dem literarischen Kämpfer Majakowski erzählen. Majakowski als Verfechter bestimmter künstlerischer Prinzipien, an die er sich nicht mehr »heranschimpfen« konnte, und den Bolschewiken Majakowski kennen alle, die ihn gelesen haben, ob sie ihn nun mögen oder nicht. Beides lasse ich aber nicht deshalb außer Betracht, weil es mir unwichtig erschiene – im Gegenteil, es bedeutet mir sehr viel, denn es war Bestandteil unserer Liebe und Partnerschaft –, sondern weil ich meine, daß es besser Gegenstand unserer Literaturforschung und Geschichtsschreibung bleiben sollte. Meine Aufgabe sehe ich eher darin, eine Seite des Dichters und Menschen Majakowski zu schildern, von der nur wenige wissen, nicht aber einen anderen Majakowski zu zeigen – weil es diesen nicht gibt. Majakowski ist ein unteilbares Ganzes.

Um Mißverständnissen vorzubeugen, sei noch erwähnt, daß ich, als Majakowski und ich zusammenfanden, schon mehr als *ein Jahr nicht mehr Ossip Briks Frau war. Von einer »ménage à trois« kann nicht die Rede sein. Als ich Brik sagte, daß Majakowski und ich uns liebten, antwortete er, er könne mich verstehen, wünsche sich aber, immer bei mir zu bleiben. Dies schreibe ich, damit dem Leser alles Folgende begreiflich wird.*

Der Selbsterhaltungstrieb
treibt manchmal zum Selbstmord.
Stanisław Jerzy Lec

Mit Majakowski hat mich meine Schwester Elsa im Sommer 1915 in Malachowka bekannt gemacht. Eines Abends saß ich mit ihr und Ljowa Grinkrug auf der Bank vor unserer Datsche.

Der glimmende Punkt einer Papirossa. Ein gedämpfter sanfter Baß:

»Eli! Sind Sie's? Kommen Sie ein Stück mit?«

Ljowa und ich blieben auf der Bank.

Spaziergänger kamen vorbei. Es fing an zu regnen. Ein kleiner, leise raschelnder Sommerregen. Wo Elsa nur blieb? Unser Vater war sterbenskrank. Unmöglich, ohne sie nach Hause zu kommen. Man würde sich Sorgen machen: Wo ist sie? Mit wem? Wieder mit diesem Futuristen?! Das nimmt noch mal ein böses Ende...

Wir zogen den Mantel über den Kopf, saßen wie auf Kohlen. Eine halbe Stunde verging, eine Stunde ... Der Regen war zum Glück nicht stark, doch im Wald, unter den Bäumen, leider nicht zu bemerken. Dort war wohl manches nicht zu bemerken, auch nicht die Zeit!

Elender Regen! Nirgends ein Lichtblick! Schade, daß es schon so dunkel war, gern hätte ich Majakowski genauer gesehen. Ein Hüne jedenfalls ... Und eine schöne Stimme ...

32

W. Majakowski. Porträt von Nadja Léger

Vor dieser Begegnung hatte ich Majakowski schon einmal gesehen, aber nur von weitem – in Moskau, bei einem Balmont-Jubiläum im Literatur-und-Kunst-Zirkel. Was dort alles gesprochen wurde, weiß ich nicht mehr, ich weiß nur noch, daß es in den höchsten Tönen geschah, nach Jubiläumsart eben, und daß nur Majakowski aus der Rolle fiel. Er sprach »im Namen Ihrer Feinde«. Früher, so sagte er, mag es »schön für die Stufen« gewesen sein, »unter den Füßen zu beben«, er seinerseits ziehe heutzutage den Fahrstuhl vor. Das gefiel mir, hatte Pfiff. Brjussow soll ihm an einem der nächsten Zirkelabende die Leviten gelesen haben: Zu einem Jubiläum, wie kann man nur!, dabei aber sichtlich voll Schadenfreude, daß Balmont eins abgekriegt hatte.

Balmont nahm die Zeremonie ohne ein Fünkchen Selbstironie entgegen. Von Verehrerinnen gestützt, taperte er umher, und als ein Fräulein heranflatterte und halb wimmernd, halb tirilierend um einen Begrüßungskuß bat, hielt er ihr vollkommen ernst und feierlich den gespitzten Mund hin.

33

Brik und ich bestaunten Majakowski, waren aber nach wie vor von ihm befremdet; besonders ich konnte mich nicht genug über diese Skandalhelden entrüsten, bei denen kein Auftritt ohne zertrümmerte Stühle und Polizei abging. Wir unternahmen nicht einmal den Versuch, dahinterzukommen, worum es ihnen ging.

Und dieser gemeingefährliche Futurist hatte meine Schwester in den Wald entführt!

Endlich das Glimmen der Papirossa. Ein weißes Oberhemd. Elsa in Majakowskis Jackett.

»Was fällt dir ein! Du weißt, ohne dich kann ich nicht heim! Da glucke ich wie eine Blöde im Regen ...«

»Bitte, Wladimir Wladimirowitsch, was habe ich Ihnen gesagt?«

Majakowski steckte sich an der Kippe eine neue Papirossa an, schlug den Kragen hoch und verschwand im Dunkeln. Ich, inzwischen klitschnaß, schimpfte mit Elsa, schleppte sie wütend ins Haus. Unsere Mutter beklagte sich über Majakowski: Dauernd kommt er anspaziert, sitzt die halbe Nacht bei der kleinen Elsa; neulich mußte sie sogar noch mal aus dem Bett, um ihm den Marsch zu blasen. Und am andern Tag, was hat er ihr da erklärt? Er sei »zur Tür raus und zum Fenster wieder rein«! Majakowski mokierte sich über unser Bild »Die Toteninsel«, versuchte es uns zu verleiden. Als er Elsa einmal nicht angetroffen hatte, hinterlegte er eine gelbe Visitenkarte im Format dieser Reproduktion. Mutter reichte sie ihm mit der Bemerkung zurück: »Wladimir Wladimirowitsch, Sie haben bei uns Ihr Aushängeschild vergessen.«

Majakowski war damals ein Stutzer – Cutaway, Zylinder usw. All diese Sachen hatte er freilich aus der Sretenka, der Straße mit den Geschäften für Billigkonfektion. Gelegentlich fiel er mit seinem Stutzertum auf die Nase. Einmal hatte er eine Verabredung mit Elsa, wollte mit ihr nach Sokolniki. Doch nachts verlor er beim Kartenspiel, und so erschien er am Morgen in Cutaway und

34

Petrograd 1916

Zylinder, gezwungen, »seine Dame« statt mit der Droschke mit der Straßenbahn auszufahren.

Wir wohnten damals in Petrograd, hatten eine winzige Wohnung. Eines Abends, etwa einen Monat nach unserer zufälligen Begegnung in Malachowka, läutete es an der Tür, gleich darauf hörte ich aus der Diele eine Stimme, die mir bekannt vorkam, und plötzlich stand Majakowski vor mir – groß, hübsch, braungebrannt (er war aus dem finnischen Kuokkala gekommen); im Nu dominierte er den ganzen Raum und begann was das Zeug hält zu prahlen – es gebe keine besseren Gedichte auf der Welt als seine, wir verständen sie aber nicht, könnten sie nicht mal lesen; so genial seien nur noch die von Achmatowa. Damals fand ich es furchtbar peinlich, wenn jemand sich selber herausstrich, und ich sagte liebenswürdig, doch spitz, leider hätte ich seine Gedichte noch nicht gelesen, wolle mich aber gern bemühen, sie zu verstehen; wenn er also welche mithabe... Er legte mir eins auf den Tisch – »Mama und ein von den Deutschen erschlagener Abend«. Ich las es vor. Majakowski wunderte sich, daß ich ohne zu stocken las, und fragte mißtrauisch: »Gefällt es Ihnen nicht?« Ich antwortete: »Nicht besonders.«

Unser Vater war gestorben. Ich fuhr nach Moskau zu seiner Beerdigung. Von dort kam Elsa nach Petrograd mit, wo sich auch Majakowski einfand, wieder von Kuokkala herübergekommen. Nach der Begrüßung musterte er mich nachdenklich, ein Schatten flog über sein Gesicht, und er sagte: »Sie sind katastrophal mager geworden ...« Diesmal war er ganz anders als bei seinem ersten, so überraschenden Besuch. Keine Spur Hemdsärmligkeit mehr. Schweigend, beunruhigt sah er mich an.

Wir flüsterten Elsa zu: »Laß ihn bloß nichts lesen!« Aber sie scherte sich darum nicht, und so kam es, daß wir an diesem Tag erstmals sein Poem »Wolke in Hosen« hörten.

Aus Platzmangel hatten wir die Tür zwischen beiden Zimmern ausgehoben. Majakowski lehnte sich an den Türsturz, zog ein Heft aus dem Jackett, warf einen Blick hinein und steckte es wieder weg. Er überlegte einen Moment. Dann ließ er die Augen umherschweifen, als hätte er einen weiten Hörsaal vor sich, sprach den Prolog und fragte lässig, mit leiser, mir unvergeßlicher Stimme:

»Ihr meint wohl: Malaria? Fieberdelirien? O nein: das ist in Odessa geschehen.«

Wir hoben den Kopf wie gebannt, ließen bis zum Schluß kein Auge von ihm.

Er stand aufgerichtet, ohne ein einziges Mal die Haltung zu wechseln. Sah niemanden an. Ging in dem, was er sprach, ganz auf. Klagte, wetterte, spottete, forderte, eiferte, raste. Zwischen den Kapiteln machte er eine kleine Atempause.

Schon saß er wieder am Tisch und verlangte in gespielt laxem Ton einen Tee. Ich schenkte ihm hastig ein. Ich schwieg, doch Elsa frohlockte: Seht ihr wohl!

Brik fand als erster die Sprache wieder. Wer hätte das gedacht! Unglaublich! In der ganzen Poesie kenne er

36

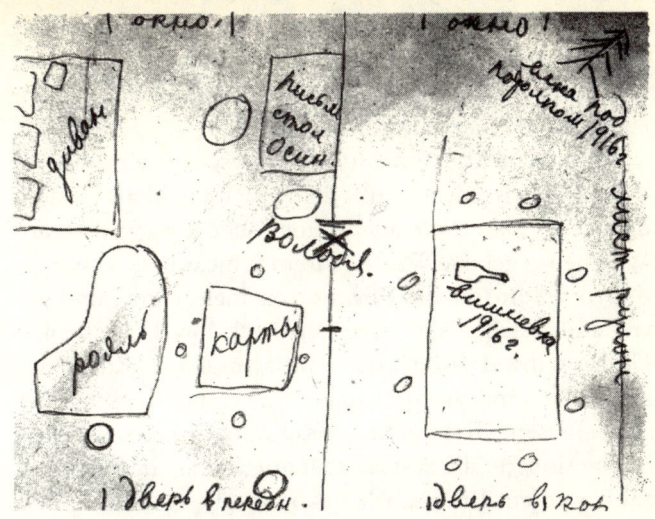

Die Wohnung der Briks mit Majakowskis Standort, als er die
»Wolke« vortrug Skizze von L. Brik, 1940

nichts Besseres. Majakowski sei ein ganz großer Dichter, selbst wenn er nichts anderes mehr schreiben sollte. Er ließ sich das Heft geben und behielt es den ganzen Abend in der Hand. Das alles war für uns wie die Erfüllung eines langgehegten Traums. In letzter Zeit hatten wir kaum noch Lust zum Lesen gehabt. Alles, was an Poesie erschien, kam uns langweilig und läppisch vor – es wurde nicht richtig und nicht von den Richtigen und nicht das Richtige geschrieben. Aber hier war alles beisammen: richtig, der Richtige, das Richtige.

Majakowski saß neben Elsa und schlürfte Tee mit Konfitüre. Er strahlte. Ich brachte kein Wort heraus.

Majakowski nahm Brik das Heft weg, schlug es auf, fragte mich: »Darf ich es Ihnen widmen?« und schrieb mit gesammelter Miene über die Überschrift: »Für Lilja Jurjewna Brik«.

In Kuokkala hatte er die »Wolke« schon Gorki und Tschukowski vorgetragen; Gorki, so sagte er, habe sogar geweint.

37

Tschukowski gestand uns später »unter dem Siegel der Verschwiegenheit«, Majakowski versetze ihn derart in Aufregung, daß er nicht arbeiten könne, wenn er sich ebenfalls in Kuokkala aufhält.

An diesem Abend nahm Majakowski ein Zimmer im nahen »Palais Royal«, fuhr nicht nachKuokkala zurück, dort seine Dame wie auch seine Sachen, sogar die zum Waschen gegebene Wäsche ihrem Schicksal überlassend.

Brik fragte, wo das Poem erscheinen würde, und geriet außer sich, als er hörte, daß es keiner haben wolle. Und es selbst drucken lassen, was würde das kosten? Majakowski rannte zur nächsten Druckerei und erkundigte sich. Tausend Exemplare – 150 Rubel, war, soweit ich mich erinnere, die Antwort, aber es könne in Raten gezahlt werden. Brik gab Majakowski die erste Rate und versprach das übrige noch aufzutreiben. Also trug Majakowski das Manuskript zur Druckerei.

Sein Gestaltungsprinzip war: »nur das Nötigste«; er verzichtete sogar auf die Interpunktionszeichen. Der Sprach- und Literaturwissenschaftler I. B. Rumer, ein Cousin von Brik, bemerkte dazu amüsiert: »Erst habe ich mich gewundert: Wo ist denn die Interpunktion hin? Aber dann fand ich sie – am Schluß des Bandes, zusammengefaßt!« Das letzte Kapitel war von der Zensur verboten worden, Majakowski hatte statt seiner Punkte setzen lassen.

Bevor er das Manuskript in den Druck gab, überlegte er lange, wie die Widmung aussehen solle: »Für Lilja Jurjewna Brik« oder »Für Lilja«? Am besten fand er: »Dir, Litschika« – eine Mischung aus »Liletschka« und »litschiko«, Gesichtchen –, entschied sich dann aber für: »Dir, Lilja«.

Ich fragte Majakowski, wie sich das reime – etwas für die eine Frau (Maria) zu schreiben und es der anderen (Lilja) zu widmen? Er antwortete ungefähr so: Als er das Poem schrieb, war er in mehrere Frauen verliebt; die Maria im Poem hat mit der realen Maria aus Odessa nur sehr

38

bedingt zu tun, und im vierten Kapitel stand ursprünglich nicht Maria, sondern Sonka. Sonka hat er in Maria geändert, weil die Frau hier eine Sammelgestalt ist und er den Namen Maria am weiblichsten findet. Das Poem hat keinen konkreten Adressaten, darum kann er es mit gutem Gewissen mir widmen... Später konnte ich mich davon überzeugen, daß es tatsächlich nicht seine Art war, jemandem etwas zu schenken, was er einem anderen zugedacht hatte.

Majakowski fragte Brik, wie eine Ikone heiße, die nicht, wie das Triptychon, aus drei, sondern aus vier Teilen besteht. Brik antwortete, solch eine Ikone gebe es seines Wissens nicht, wenn aber doch, müsse sie logischerweise »Tetratychon« heißen.

Wir kannten die »Wolke« auswendig, warteten auf die Korrektur innig wie auf ein Rendezvous, trugen die weggelassenen, von der Zensur verbotenen Stellen handschriftlich nach. Ich war ganz verliebt in den orangegelben Umschlag, die Schrift und die Widmung und ließ mein Exemplar vom besten Buchbinder in kostbares moirégefüttertes Leder mit Goldprägung binden. So viel Zuspruch hatte Majakowski noch nie bekommen, er freute sich wie ein Kind.

Ich weiß noch, wie Chlebnikow das Poem aufnahm. Wohl dutzendmal hörte er es sich gespannt an, und als es erschienen war, trug er sofort die verbotenen Stellen in sein Exemplar ein. Majakowski traf ihn dabei an und nahm es ihm erschrocken weg; er war ernstlich in Sorge, Chlebnikow in seiner Zerstreutheit könnte es auf der Boulevardbank liegenlassen und ihn damit in Schwierigkeiten bringen. »Sind Sie verrückt, Weli?!« sagte er.

Majakowski wurde zum Kriegsdienst einberufen. Eine Nacht lang paukte er verbissen mit einem Bekannten, der Ingenieur war, die Regeln des technischen Zeichnens, dann ließ er sich als technischer Zeichner in einer Fahrschule einsetzen, die motorisierte Einheiten für die Armee aufstellte.

39

Die unteren Dienstgrade durften weder Theater noch Restaurants besuchen, sogar sich ab einer bestimmten Stunde auf der Straße blicken zu lassen war ihnen verboten, geschweige denn, an einem öffentlichen Ort in irgendeiner Weise aufzufallen.

Zu dieser Zeit gab es in Petrograd einen Mann, der sich Futurist nannte und einen dicken Almanach herausgab. Für die zweite Nummer dieses Almanachs hatte er Gedichte von Majakowski vorgesehen. Nach einiger Zeit erhielten wir die erste Nummer und fanden darin eine antisemitische Schmiererei von Rosanow. Majakowski schrieb einen Brief an die Redaktion der »Börsennachrichten«, worin er bat, nicht mehr als Autor dieses Almanachs betrachtet zu werden. Wenig später begegnete er unserem Almanach-Verleger im Billardraum des Restaurants »Bär«. Verbotenerweise trug er gerade Zivil. Der kam auf ihn zu und sagte: »Ich habe Ihren Brief gelesen, Sie sind ein Idiot!« Majakowski schäumte vor Wut; weil er sich aber auf keinen Eklat einlassen konnte, begnügte er sich mit dem Versprechen, ihm eine runterzuhauen, sobald er wieder legal Zivil trage.

Die Einlösung dieses Versprechens habe ich miterlebt, sie geschah kurz nach dem Februar-Umsturz. Wir gingen den Newski entlang, da kam uns der Verleger mit einer Dame entgegen. Majakowski entschuldigte sich bei mir, winkte ihn heran, wartete, bis er sich von seiner Dame gelöst hatte, gab ihm eine schallende Ohrfeige und schlenderte Arm in Arm mit mir weiter. Später forderte ihn der Verleger zum Duell; er lehnte ab, sich auf den Duellkodex berufend, der Aristokraten verbietet, sich mit einem Juden zu schlagen!

Oft wird gesagt, an Majakowskis Verhalten sei viel »Theater« gewesen. Das stimmt nicht. Majakowski gab sich so, wie er war, ohne jede Künstelei. Die Schärfe seiner Polemik war immer echt, genauso echt, wie die Ohrfeige, die er einem Gegner geben mußte, wenn er keine andere Möglichkeit hatte, auf ihn einzuwirken. Manch

40

W. Majakowski, L. Brik, B. Pasternak und S. Eisenstein, Moskau 1924

einer hat das nicht begriffen und hielt die ihm verab-
reichte Ohrfeige für Spiel.

Die Ohrfeige jedenfalls, der ich beiwohnte, war bitte-
ren Ernstes gegeben worden, mit demselben Zorn und
derselben Vehemenz wie die, die Aragon Andrej Lewin-
son in Paris gab, zur Antwort auf dessen nach dem
Selbstmord erschienenen verleumderischen Artikel über
Majakowski.

Majakowski machte mich mit seinem Freundeskreis bekannt. Es wurde die Herausgabe einer Zeitschrift erwogen. Er wollte Schklowski zur Mitarbeit gewinnen und
ging zu ihm. Weil er ihn nicht antraf, hinterließ er eine
Karte mit der Bitte, abends in die Shukowskaja 7, Wohnung 42, zu Briks zu kommen. Schklowski hatte beim
Militär mit einem Freiwilligen namens Brik gedient und
kam in der festen Annahme, ihn zu besuchen. Vor Über-
raschung und Verlegenheit stopfte er den ganzen Abend
Kissen zwischen Sofalehne und -sitz, und zwar so sorgfältig, daß wir sie nachher mit einer gemeinsamen Hau-
ruckaktion – wie der Großvater samt Familie die Rübe
– wieder herausziehen mußten.

Gelegentlich kam auch Tschukowski. Er wohnte in
Kuokkala und war bei aller Wertschätzung für
Majakowski und die »Wolke« froh und erleichtert, daß
der Unruhgeist von dort weggefahren war. Als wir einmal zusammensaßen und über die Zeitschrift sprachen,
sagte er: »So ist es recht, zu Hause beim Tee entstehen
die neuen literarischen Tendenzen.«

Zu unseren Stammgästen gehörten auch David
Burljuk, Wassili Kamenski und Chlebnikow.

Aus Moskau kam Pasternak mit Maria Sinjakowa. Er
war enthusiastisch und schwärmerisch, nicht immer verständlich, rezitierte glänzend glänzende Verse und im-
provisierte wundervoll auf dem Flügel. Maria bewun-
derte ich für ihre Schönheit, die hellen Augen in ihrem
sonnengebräunten, dunklen Gesicht wirkten fast weiß,

42

auf ihrem Köpfchen thronte ein selbstgenähter farben-
froher Hut. Sie hatte fünf Schwestern, von denen jede auf
ihre Weise schön war und in die sich Chlebnikow,
Burljuk und Pasternak gleichermaßen verliebt hatten.
Oxana wurde Assejews Frau.

Diesen Abend habe ich noch gut in Erinnerung. Der
breite Konzertflügel in dem kleinen Zimmer. Der junge
Pasternak, im Schatten des gebäumten Flügeldeckels wie
ein Dämon.

In der Stadt, die kein Fuß je betreten hat, die
Hexen und Schneebräute nur betraten,
Liegen Schneewehen, aufgewölbt, bleich und starr wie
Opfer mittnächtlicher Grauenstaten.

Im Fenster lag die weiße Nacht.

Nicht geheuer das Städtchen und auch die Nacht...

Der graziöse Assejew wirkte wie eine Vignette auf dem
schwarzglänzenden Hintergrund des Flügels.

Ljuzes Gastspiel vom Himmel hernieder
War uns wie eine seltsame Mär ...

Chlebnikows blaue Augenseen traten über die Ufer,
überstrahlten die weiße Nacht hinterm Fenster. Zu seinem Vortrag erhob er sich nicht, sondern blieb im Sessel
sitzen und ließ die langen Arme baumeln. Er lächelte,
wurde tiefernst und begann langsam, mit dunkler leiser
Stimme. Seine Augen trübten sich, erloschen ganz. Sein
Sprechen ging in ein Murmeln über, das immer hastiger
wurde und mit einem abrupten: »Das ist alles!« und einem Stoßseufzer endete.

Dann kam die Reihe an Majakowski. Chlebnikow
lächelte. Alle blickten gespannt. Die Zimmerwände
taten sich auf.

43

Ich malme die Meilen, mit Stiefeln sie klopfend.
Wohin mit der Hölle, der inneren Nacht?*

Chlebnikows Azurblau, Pasternaks Gold, die konzentrierten Augen von Maria, Assejews entzückte ...

Majakowski stand an den Türsturz gelehnt, wie vorzeiten beim Vortrag der »Wolke«. Dann redeten alle gleichzeitig los. Besonders gut erinnere ich mich, wie begeistert Pasternak reagierte und wie er sich dann an den Flügel setzte und etwas von sich vorspielte.

Das neue Jahr, 1916, wurde ausgelassen gefeiert. Den Tannenbaum hatten wir umgekehrt, »mit den Beinen nach oben«, in einen Winkel der Zimmerdecke gehängt und mit Spielkarten, dem berühmten gelben Hemd und einer papierenen Wolke in Hosen geschmückt. Alle waren kostümiert. Majakowski hatte einen roten Fetzen um den Hals und schwang einen in Kattun eingenähten hölzernen Schlagring. Brik war in Turban und Usbekenrock, Schklowski in einem Matrosenhemd und Elsa in einem Harlekinanzug. Wassja Kamenski hatte auf sein Jackett bunte Kattunflicken genäht, sich einen Vogel auf die Wange gemalt und die eine Schnurrbarthälfte blond, die andere schwarz gefärbt. Ich trug rote Strümpfe, ein Schottenröckchen und um die Brust statt des Mieders ein geblümtes russisches Tuch. Kurz, jeder folgte der Devise: je verrückter, desto besser. Wir becherten Sprit mit Kirschsaft. Den Sprit zauberten wir unter einem Dielenbrett hervor, damals im Krieg herrschte Alkoholverbot. An diesem Abend trug Kamenski Elsa seine Hand und sein Herz an – der erste Heiratsantrag in ihrem Leben. Sie lehnte erstaunt ab. Er widmete ihr ein Gedicht und fuhr vor Kummer woandershin heiraten, nach Moskau wohl oder Kamenka.

Wir hatten in dieser Wohnung einen riesigen Papierbogen (eine Tapetenbahn) an die Wand geheftet, auf den

---

* Aus »Wirbelsäulenflöte«; deutsch von Hugo Huppert

44

jeder schreiben oder zeichnen sollte, was ihm gerade einfiel. Majakowski schrieb über Kuschner: »Ein Flußpferd spurtet in den Fluß, vom guten Kuschner in Verdruß.« Burljuk zeichnete Wolkenkratzer und Frauen mit drei Brüsten, Kamenski klebte Paradiesvögel aus Buntpapier an, Schklowski schrieb Aphorismen wie: »Die Wut auf die Menschheit sammelt sich tri-tra-tropfenweise an.« Ich zeichnete Tiere mit Euter und schrieb darunter: »Was kümmert dich mein Euter?«

Wir stellten die erste Nummer der Zeitschrift zusammen, die Majakowski kurzerhand »Genommen« getauft hatte. Schon lange wollte er irgendwen oder irgendwas so nennen. Aufgenommen wurden Majakowski, Chlebnikow, Brik, Burljuk, Pasternak, Assejew, Schklowski und Kuschner.

Vor seiner Bekanntschaft mit Majakowski hatte Brik weder Bücher herausgegeben noch irgendeine Beziehung zu den Futuristen gehabt. Aber die »Wolke« gefiel ihm so sehr, daß er sie als Einzelpublikation herausgab und für die Zeitschrift vorschlug. Wer in der Zeitschrift erscheinen sollte, bestimmte Majakowski. In der ersten und einzigen Nummer waren es seine Freunde und Gesinnungsgefährten, weshalb sie allgemein »Futuristentrommel« hieß.

Von Brik kam in »Genommen« eine kleinere Rezension der »Wolke« mit dem Titel »Brot!«: »Schneidet die Seiten vorsichtig auf, damit, wie kein Krümchen der Hungrige, ihr keinen Buchstaben aus diesem Buch voll Brot verliert!«

Dies war Briks Debüt in der Presse. Filossofow kam, nachdem er die Rezension gelesen hatte, und erklärte: »Der einzige erfahrene Journalist ist bei euch Brik.«

Der Umschlag wurde aus grobem Packpapier gemacht und der Titel »Genommen« in Versalien gesetzt. Beim Drucken schabten sich die hölzernen Buchstaben an den Holzsplittern des Papiers ab, so daß sie fast schon beim hundertsten Exemplar blasser, unterschiedlich ge-

V. Schklowski, B. Kuschner, L. Brik, W. Majakowski. Norderney 1923

rieten. Da mußte die ganze Auflage in mühseliger Handarbeit mit einem Pinselchen nachgebessert werden.

Majakowski publizierte in »Genommen« das erste Kapitel der »Wirbelsäulenflöte«. An der »Flöte« schrieb er langsam und gab jedes neue Kapitel sofort feierlich zum besten. Zunächst mir, dann Brik und mir und erst dann anderen. So hielt er es bis zuletzt mit fast allem, was er geschrieben hatte.

Wenn ein neues »Flöten«-Kapitel abgeschlossen war, lud er mich ein. Er veranstaltete einen regelrechten Empfang: Tee mit großartigem Imbiß, Blumen auf dem Tisch, er selbst mit schmucker Krawatte. Als ich das erstemal kam, belferte das Hündchen der Wirtin gegen mich los, ich erschrak, da lachte er. »Eine so große Frau und hat Angst vor so einem Murkel von Hund!«

Von Majakowski habe ich Interesse und Liebe für Tiere gelernt. Er sagte, er liebe Tiere, weil sie keine Menschen und doch lebendig sind.

In unserem Zusammenleben waren Tiere ein ständiger Gesprächsgegenstand. Wenn ich nach Hause kam, fragte

L. Brik nahm kurze Zeit Tanzunterricht. Petrograd 1916

Majakowski mich oft, ob ich keine »interessanten Hunde oder Katzen« gesehen hätte. In seinen Briefen erzählte er mir viel von Tieren, und in den Zeichnungen, die er massenhaft aus dem Handgelenk schüttelte, stellte er sich als Hündchen und mich als Katze dar, entweder in Form einer Illustration zu dem Geschilderten oder als eine Art Unterschrift-Kürzel.

Nach der »Flöte« entstand das Gedicht »Don Juan«. Ich wußte nicht, daß er daran arbeitete. Urplötzlich, bei einem Stadtbummel, sagte er es auf. Mir mißfiel, daß es wieder von einer unglücklichen Liebe handelte – war das nicht zuviel des Guten?

Er zog das Manuskript aus der Tasche, zerriß es und warf die Schnipsel in den Wind, daß sie durch die Straße flogen. Ich habe den Verdacht, daß das Gedicht aus zusammengeflickten Abfällen der »Flöte« bestand, jedenfalls hörte es sich sehr ähnlich an. (In späteren Gedichten bin ich dann verschiedenen Zeilen und Strophen aus dem weggeworfenen »Don Juan« wiederbegegnet. Gelungene Einfälle pflegte er nicht zu vergessen.)

47

Wir wurden unzertrennlich, fuhren zusammen auf die Inseln, bummelten durch die Straßen. Majakowski mit Zylinder, ich mit einem großen schwarzen Federhut, so flanierten wir auf dem abendlichen Newski. Noch war es hell, doch hell würde es ja die ganze Nacht bleiben. Die Laternen brannten, aber leuchteten nicht, als wären sie gar nicht an. Wir betraten ein Geschäft, und Majakowski bat die Verkäuferin mit geheimnisvollem Augenaufschlag: »Mademuasell, wir hätten gern einen gaaanz tollen Stift – der vorne rot und hinten blau schreibt.«

Nachts war die Uferstraße unser liebster Spazierweg. Die Dampferschlote schienen statt Qualm ganze Funkengarben auszustoßen. Majakowski sagte: »In Ihrer Gegenwart wagen sie nicht zu qualmen.«

Majakowski beabsichtigte, einen Vortrag über den Futurismus zu halten. Für diese Veranstaltung wählten wir die größte Wohnung, die sich unter unseren Freunden finden ließ – die der Malerin Ljubawina. Wir luden ältere ein: Gorki, Kulbin, Matjuschin und andere. Majakowski bereitete sich tagelang vor. Auf und ab gehend, »sich Schwielen an die Füße laufend«, tüftelte er an dem Vortrag wie an Versen. Die Gäste kamen, nahmen Platz. Majakowski wartete nebenan wie hinter Kulissen. Als alle still geworden waren, trat er ein, stellte sich in Positur und sagte übermäßig laut: »Gnädige Herren und gnädige Herrinnen!« Es wurde gekichert. Er gab einige donnernde Sätze von sich, verstummte plötzlich und verließ den Raum. Im Eifer des Gefechts hatte er nicht bedacht, daß hier keiner da war, den er für irgendwas hätte anbrüllen müssen. Wir trösteten ihn, gaben ihm Tee.

Wir begannen uns ziemlich regelmäßig zu treffen. Meistens bei uns, manchmal bei Kulbin oder Ljubawina. Zu Kulbin kamen stets viele. In seinem geräumigen Zimmer hing ein Plakat: »Mich dürstet nach Einsamkeit.« So hatte ich jedesmal, wenn ich dort war, ein schlechtes

48

Gewissen. Einen der ersten Vorträge bei Kulbin hielt Schklowski. Er sagte unter anderem, in der zeitgenössischen Poesie herrschten viele Provinzialismen. Chlebnikow hielt ihm entgegen, die Römer hätten ihre eroberten Gebiete Provinzen genannt, demzufolge sei Petersburg im Verhältnis zu Kiew eine Provinz, nicht umgekehrt. Chlebnikow hatte ein fundiertes Wissen.

Chlebnikow war ständig in Geldnot, trug immer dasselbe Hemd und dieselbe Hose, eine mit Samtbesatz, schon reichlich abgetragen. Wo er gewohnt hat, weiß ich nicht. Mitten im Winter kam er einmal im Sommermantel, schlotternd vor Kälte, ganz blau im Gesicht. Wir nahmen eine Droschke und fuhren mit ihm zu Mandel (einem Konfektionsgeschäft), um ihm einen warmen Mantel zu kaufen. Er probierte alle an und wählte einen altmodischen, wattierten, mit Skunksrevers. Ich gab ihm noch drei Rubel für eine Mütze und ging meiner Wege. Natürlich kaufte er keine Mütze, sondern bunte Papierservietten, die ihn aus dem Schaufenster eines japanischen Ladens angelacht hatten, und brachte sie mir als Geschenk.

Chlebnikow schrieb ununterbrochen, doch das Geschriebene, so wird erzählt, stopfte er in einen Kissenbezug oder verbummelte es. Wenn er wegfuhr, ließ er sein Kissen voller Verse zurück, wo es sich gerade ergab. Burljuk lief ihm ständig nach und las alles, was er umherstreute, auf, dennoch sind viele seiner Manuskripte verlorengegangen. Die Korrektur las stets jemand anderes für ihn, denn wenn er sie in die Hand bekam, konnte man sicher sein, daß er alles noch mal umschrieb. Eigenes trug er nur ungern vor, es langweilte ihn. Er begann und brach plötzlich ab: »Na, und so weiter.« Zwar tat er nicht das geringste dafür, gedruckt zu werden, wenn es aber geschah, freute er sich sehr. Er war wortkarg, doch was er sagte, hatte Gewicht. Wenn Majakowski Verse vortrug, war er ganz Ohr, hörte aufmerksam wie kein anderer zu. Oft versank er in tiefes Nachdenken, da standen seine blauen Augen still und ging sein Mund auf, daß die Zunge zu sehen war. Er konnte herrlich lachen – prustend, mit leuchtenden Augen, die zu sagen schienen: Na, noch was, noch so was Komisches! Nie habe ich ein leeres Wort von ihm gehört, nie ihn lügen oder sich winden sehen. Ich war – und bin es noch heute – von seiner Genialität überzeugt.

Die Geschichte der Beziehungen zwischen Majakowski und Chlebnikow, die in Majakowskis erste Schaffens-, nämlich die »Lyzeumsperiode« fällt, ist überhaupt ein sehr interessantes Kapitel, freilich darf man dabei nicht vergessen, daß Majakowski Chlebnikows Einfluß auf sich ritterlich übertreibt.

Majakowski hat meines Erachtens das Stadium der Lehrjahre übersprungen. Das kommt wahrscheinlich daher, daß er, bevor er selber Kunst machte, viel über Kunst nachgedacht hatte. Er trat sofort als Meister hervor. Eine große Akzise daran hat David Burljuk. Vor der Bekanntschaft mit ihm war Majakowski künstlerisch wenig gebildet. Burljuk erklärte ihm die verschiedenen Strömungen in der Malerei und Literatur. Er las ihm Rimbaud und Rilke im Original, Wort für Wort übersetzend, vor. Doch selbst Majakowskis ersten Gedichten ist keinerlei Einfluß anzumerken, weder von diesen Dichtern noch von Burljuk oder Chlebnikow. Wenn es einen Einfluß gab, so am ehesten von Alexander Block, der zu dieser Zeit, aller Gegenpropaganda Burljuks zum Trotz, Majakowskis Abgott war. Dafür übte Majakowski von seinen ersten poetischen Schritten an Einfluß auf andere Dichter aus. Im Nu war er das stärkste Zugpferd der Futuristen.

Burljuk sagte einmal zu Majakowski, er werde ihn erst dann als Maestro anerkennen, wenn von ihm ein so dicker Gedichtband erschienen ist, daß sein langer Name quer auf den Einbandrücken paßt. Als der Band »Einfach wie Gemuhe« herauskam, ließ ich ihn in braunes Leder binden und quer auf seinen Rücken, freilich

Szenenfoto aus dem Film »Nicht für Geld geboren«:
David Burljuk und Iwan Now (Majakowski) im Dichtercafé, 1918

in sehr kleinen, immerhin aber lesbaren Goldlettern »Majakowski« prägen.

Wir liebten damals nichts so sehr wie Gedichte. Wir lasen sie wie Süchtige, erörterten, von wem, wann und wie sie gemacht worden waren. Majakowskis kannten wir alle auswendig. Und wie waren Puschkins gemacht? Warum empfand man sie als genial? Welches Geheimnis steckte dahinter? Brik begann Puschkin, Lermontow und Jasykow »auseinanderzunehmen«, ganze Papierstöße kritzelte er mit Zeichen voll, an denen sich die »Klangwiederholungen« ablesen ließen.

Nach den »Klangwiederholungen« beschäftigte er sich mit »rhythmiko-syntaktischen Figuren«. Er unterhielt sich viel mit Jakobson, Schklowski, Jakubinski und Poliwanow, den sogenannten »Opojasowzen« – Mitgliedern der Gesellschaft zum Studium der poetischen Sprache. Jakubinski lehrte russische Literatur in einem Kadettenkorps, Poliwanow war Professor an der Petersburger Universität.

Die Wohnung wurde uns zu eng. Als in unserem Haus eine größere frei wurde, zogen wir um, fast ohne Möbel.

Hier kamen unsere Philologen häufig zusammen, sprachen zu einzelnen Themen, schrieben Artikel oder lasen welche vor, um sie zu erörtern. Brik gab den ersten »Sammelband zur Theorie der poetischen Sprache« heraus. Interessanterweise findet sich in den beiden erschienenen Opojas-Bänden kein einziges Zitat von Majakowski, kein einziger Hinweis auf seine Verse, nur daß einmal beiläufig sein Name fällt. Trotz ihrer Freude an seinen Gedichten – bei ihren philologischen Untersuchungen ließen die Opojasowzen Majakowski noch ganz außer acht.

Majakowski konnte ihren Disputen stundenlang zuhören. Fortwährend wollte er von Brik wissen: »Na, was gefunden? Noch was gefunden?« und ließ sich jedes neue Beispiel erklären. Morgens stand er eher als alle anderen auf und äugte ungeduldig zu Briks Tür. Wenn er feststellte, daß Brik nicht mehr schlief, sondern im Bett las oder eine Partie aus der Schachzeitschrift nachspielte, rief er, er solle *auf der Stelle* frühstücken kommen. Der Samowar siedete, Majakowski machte eine Portion belegter Brote, und sie lasen und besprachen die Zeitungen des Tages. Als Brik über die Literatur der vierziger Jahre des XIX. Jahrhunderts arbeitete, bat ihn Majakowski, »Bericht zu erstatten« über alle »neuesten Neuigkeiten aus den vierziger Jahren« oder über irgendwas anderes, was zu diesem Thema gehörte.

Die Frühstückszeit liebte Majakowski am meisten: Keiner kam und störte, der Kopf war frisch, vom Nachtschlaf erholt. Morgens hatte er immer gute Laune. So begann bei uns viele Jahre lang jeder Tag.

Brik sprach mit Majakowski über alles, was er gelesen hatte. Majakowski kam kaum zum Lesen, hatte aber für alles Interesse, und Brik konnte eindrucksvoll erzählen. Oft geschah es, daß Majakowski mitten im Gespräch aufstand, sich über Brik beugte und ihm mit den Worten: »Komm, laß dir die Glatze küssen« einen Kuß auf den Kopf gab.

Majakowski war ein ungemein zärtlicher Mensch. Grobheit und Zynismus verabscheute er. Zeit unseres Zusammenlebens hat er kein einziges Mal die Stimme erhoben, weder gegen mich noch gegen Brik oder die Haushälterin. Etwas anderes war die Schärfe seiner Polemiken. Das steht auf einem ganz anderen Blatt.

Im Frühjahr 1918 hielt sich Majakowski zu Dreharbeiten an dem Film »Nicht für Geld geboren« in Moskau auf, von dort schrieb er mir: »Im Sommer möchte ich einen Film mit uns beiden machen. Würde ein Drehbuch für Dich schreiben.« Dieses Drehbuch hieß dann »Die vom Filmstreifen Gefesselte«. Er nahm es sehr ernst, schrieb es mit Hingabe wie seine besten Verse.

Jammerschade, daß es verlorenging. Leider ist auch der Film verlorengegangen, nach dem man es hätte rekonstruieren können. Ärgerlicherweise habe ich den Namen des Landes vergessen, auf dessen Suche sich der Maler, der Held des Films, begibt. Ich weiß nur noch, daß er auf der Straße ein Filmplakat sieht, von dem sie, das Kino-Herz, verschwunden ist, weil der Kinomann – eine wie einem Hoffmannschen Märchen entstiegene Gestalt – sie aus der realen Welt in den Filmstreifen zurückgelockt hat. In einer Ecke des Plakats entziffert der Maler ein Wort in winziger Schrift, es ist der Name jenes Landes, wo die Verschwundene lebt. »Lieblandien« oder so ähnlich. Irgendein Wunderland. Wie haben wir es geliebt! Aber ich kann mich nicht mehr entsinnen, so wie man sich manchmal nicht mehr an einen glücklichen Traum erinnert.

Im Anschluß an die Dreharbeiten fuhren wir nach Lewaschowo bei Petrograd, wo wir drei Zimmer mit Pension mieteten.

Hier schrieb Majakowski sein »Mysterium buffo«.

Er ging viel spazieren, malte Landschaften, fragte mich ständig, ob er im Malen nicht Fortschritte gemacht habe.

Seine Landschaftsbilder waren klein und immer im selben Format, nicht größer als sein Farbkästchen. Smaragdgrüne Wiesen, von blauen Tannen gesäumt. Später lagen sie zusammengerollt in unserer Petrograder Wohnung; als wir nach Moskau zogen, blieben sie dort und kamen samt den Büchern und Möbeln abhanden.

An den Abenden spielten wir Karten, meistens »König«, wobei wir eine Punkttabelle führten.

Wer um eine bestimmte Anzahl von Punkten zurücklag, mußte entweder die Reinemachefrau heraufholen oder Rasierklingen putzen oder »den Käfer fangen« (d.h. irgendeinen hübschen Käfer finden und nach Hause bringen) oder bei Regen vom Bahnhof die Zeitungen holen.

Weil wir mit Anschreiben spielten, traf manchen das Los, mehrere Tage hintereinander Rasierklingen zu put-

54

L. Brik und W. Majakowski in »Die vom Filmstreifen Gefesselte«

zen, einen Käfer zu fangen oder bei beliebigem Wetter Zeitungen zu holen.

Unser Speiseplan bestand jeden Tag aus Salzfisch und Dörrerbsen. Brot und Zucker brachte das Hausmädchen Polja aus der Stadt mit. Das Brot, wohlschmeckendes süßes Roggenbrot, buk sie selbst, wobei sie die Blechdosen des Borman-Gebäcks »George« gleich als Backform benutzte.

Bei den Mahlzeiten in der Pension saß Majakowski am einen Ende des langen Tisches und am anderen, ihm gegenüber – eine üppige Blondine. Als sie abreiste, wurde ihr Platz einer dürren alten Jungfer zugewiesen. Majakowski griff zum Löffel, hob die Augen und murmelte erschrocken: »Wo der Tisch voll Speisen war, steht jetzt der Sarg.«

Wir gingen Pilze suchen. Es gab viele, aber nur Täublinge, freilich schön gewachsene, feste, farbige. Wir gaben sie zum Braten in die Küche.

In gewissen Abständen trug uns Majakowski die neuesten Passagen seines Stückes »Mysterium buffo« vor. Er sprach sie heiter, beschwingt. Wir freuten uns auf jede neue, gingen innerlich mit jeder Zeile mit, und als gegen Sommerende das Stück vollendet war, stellte sich heraus, daß wir es auswendig wußten.

Bekanntlich konnte sich Majakowski selbst in Gesellschaft mit seinen Texten weiterbeschäftigen – auf der Straße, im Restaurant, beim Kartenspiel, überall. Aber er liebte die Stille und Einsamkeit, genoß sie sowohl in Lewaschowo als auch später in Puschkino, wo er stundenlang durch den Wald streifte. Auf dem Lande fiel ihm die Arbeit leichter, ermüdete er nicht so schnell wie in dem berühmten »Lärm der Stadt«.

Im Herbst hieß es in die Stadt zurückkehren. Da wir völlig blank waren und die Pension nicht bezahlen konnten, verkauften wir dem Maler Brodski ein Porträt von mir, das 1916 von Boris Grigorjew gemalt worden war – ein riesiges, überlebensgroßes: ich, im Gras liegend, und

W. Meyerhold und W. Majakowski,
Ende der zwanziger Jahre

hinter mir so etwas wie ein Feuerschein. Majakowski
nannte es »Lilja bei Flut«.*In Petrograd mietete Majakowski eine kleine Wohnung auf unserer Etage. Die Badewanne stand aus Platzmangel im Flur. Ins Schlafzimmer kamen eine Couch und ein großer, in rosa Plüsch ge-
rahmter Spiegel, den er von Bekannten geliehen hatte.

Meyerhold und Majakowski nahmen die Inszenierung
des »Mysteriums« in Angriff. Die Rolle »Einfach ein
Mensch« spielte Majakowski selbst, und als bei der Uraufführung mehrere Darsteller wegen Krankheit ausfie-
len, übernahm er auch ihre Rollen. Ich wurde zur Re-
gieassistenz hinzugezogen und studierte mit den Dar-
stellern das chorische Versesprechen ein.

Wie die »Mysterium«-Inszenierung entstand, ist
schon vielfach geschildert worden, daher will ich nicht
weiter darauf eingehen.

---

* Das Porträt ist spurlos verschwunden.

Majakowski bereitete es bei den Proben Vergnügen, daß die Schauspieler, noch dazu so viele, Texte aus seiner Feder sprachen, und ihm schien, alle spielten großartig.

Er war unendlich dankbar, daß man sich so intensiv mit ihm abgab.

Allgemein glaubt man, Majakowski sei über die Maßen selbstbewußt gewesen. Bei seinen öffentlichen Auftritten war er so gelassen und bestimmt, weil er genau wußte, was er zu tun hatte, nicht jedoch, weil er sich für unfehlbar hielt.

Meyerhold und Majakowski waren bei den Inszenierungsarbeiten regelrecht ineinander verliebt. Majakowski akzeptierte erfreut jede Anordnung von Meyerhold und umgekehrt – Meyerhold jeden Vorschlag von Majakowski. Wahrscheinlich standen sie sich im Weg. Vorgreifend will ich eine Stelle aus Majakowskis letztem Brief an mich zitieren: »Vor drei Tagen war die Uraufführung von ›Schwitzbad‹. Bis auf Einzelheiten hat sie mir gefallen, die erste nach meiner Vorstellung inszenierte Sache von mir.«

Ich sah diese Aufführung erst nach Majakowskis Tod. Sie gefiel mir gar nicht. Der Text kam nicht über die Rampe. Gut fand ich allenfalls Einzelheiten. Sie war für meine Begriffe schlechter geraten als die von »Mysterium« oder von »Wanze«. Meyerholds Geist hatte Majakowski anscheinend blind gemacht. Und umgekehrt – Majakowskis Geist hinderte Meyerhold, sich richtig zu entfalten. Blindlings vertrauten sie einander. Sie zogen an einem Strang – dem der Kunst. Meyerhold machte neues Theater, Majakowski neue Poesie.

In den Hungertagen des Jahres 1919 schrieb ich die »Wirbelsäulenflöte« mit der Hand ab, und Majakowski entwarf einen Umschlag. Darauf schrieben wir ungefähr dies: »W. Majakowski. ›Wirbelsäulenflöte‹. Ein Poem. L. Ju. Brik gewidmet. Abgeschrieben von L. Brik. Umschlag von W. Majakowski.« Dieses selbstgebastelte

Bändchen brachte Majakowski zu einem Kommissionsgeschäft, es wurde im Nu verkauft und brachte uns zwei Mittagessen ein.

Für den Sommer mieteten wir ein kleines Landhaus in Puschkino bei Moskau. Die Adresse (wie Majakowski sie auch in einer Gedichtüberschrift anführt): »Puschkino, Akulowberg, Rumjanzewsches Landhaus, 27 Werst auf der Jaroslawler Bahn«. Ein einsames Häuschen wie auf Stelzen, so gut wie ohne Garten, dafür mit einer Terrasse, die auf eine weite Wiese blickte. Rechter Hand ein pilzreicher Wald. Wir litten Hunger, ernährten uns fast nur von Pilzen. Als Vorspeise gab es marinierte Pilze, Pilzsuppe oder manchmal eine Pastete aus Roggenmehl, mit Pilzen gefüllt, als Hauptgericht gekochte Pilze; zum Braten hatten wir kein Fett.

Allabendlich setzten wir uns vors Haus auf die Bank und beobachteten den Sonnenuntergang.

Ein Jahr darauf entstand in Puschkino das Gedicht »Sonne«.

Morgens fuhr Majakowski nach Moskau rein, zu seiner Arbeit bei der ROSTA. In der Bahn stand er mit seinem Notizheft oder einem Zettel am Fenster und murmelte vor sich hin, bemüht, sein selbstgestelltes Tagespensum zu erfüllen – soundsoviel Verszeilen für die ROSTA-Plakate.

1919 hatte Majakowski auf dem Moskauer Kusnezki Most ein Satirefenster der ROSTA gesehen und daraufhin den ROSTA-Chef Kershenzew aufgesucht.

Bei der ROSTA arbeitete der Maler Tscheremnych. Er war der Erfinder dieser »Fenster«. Kershenzew schickte Majakowski zu ihm. Sie kamen überein, und statt nur eines Feuilletons oder Gedichtes mit Illustrationen, wie zuvor, erschienen fortan auf jedem Plakat mehrere Zeichnungen mit entsprechendem Text.

Die Plakatproduktion wuchs und gedieh. Tscheremnych wurde zu ihrem Leiter ernannt. Binnen zweieinhalb Jahren hatten sich in vielen anderen Städten Filialen gebildet. Man zog alle nur halbwegs prosowjetischen Maler und Graphiker zur Mitwirkung heran. Ausländer wurden auf dieses Unternehmen neugierig. Einmal kamen Japaner, sie ließen den Dolmetscher fragen, wer hier Majakowski sei, und blickten ihn ehrfürchtig von unten herauf an.

Eines Tages stellte uns Kershenzew einen Mann folgendermaßen vor: »Hier, ein Amerikaner, er interessiert sich für euch.«

Majakowski war nicht da, ich kolorierte gerade ein Plakat, das er mir anvertraut hatte, und Tscheremnych und Maljutin, ebenfalls bei der Arbeit, wechselten laut und vernehmlich Bemerkungen etwa dieser Art:

»Die kommen und gaffen, halten uns bloß von der Arbeit ab. Ein Greuel, diese Amis! Haben von Kunst keinen Dunst, aber – interessieren sich! He, du Ami, guck mal – das ist Lloyd George!«

Er nickte.

»Und das da – Clémenceau. Kapito?«

Er nickte wieder.

Tscheremnych rannte zu Kershenzew. »Schaffen Sie uns diesen Taubstummen vom Hals, mit dem ist kein Reden!«

»Wieso? Er kann perfekt russisch. Es ist John Reed.«

Tscheremnych flüsterte es Maljutin ins Ohr. Der sagte mit Zuckerstimme:

»Mir scheint, ihr Amerikaner interessiert euch gar nicht für Kunst.«

John Reed antwortete in reinstem Russisch, er persönlich interessiere sich sehr für Kunst, besonders für die sowjetische ...

Wir arbeiteten pausenlos, bis zur Erschöpfung. Tscheremnych wohnte in der Nähe. Majakowski und ich blieben bis in die Nacht im Studio, ans Telefon ging er.

Eines Abends klingelte das Telefon.

»Ist jemand da?«

»Nein.«

60

»Kein Leiter?«

»Nein.«

»Auch kein stellvertretender Leiter?«

»Nein, keiner.«

»Es ist also keiner da? Kein einziger?«

»Kein einziger.«

»Hervorragend.«

»Wer spricht denn da?«

»Lenin.«

Damit wurde aufgehängt. Majakowski konnte sich lange nicht wieder fassen.

Dieses Gespräch weiß ich wahrscheinlich deshalb noch Wort für Wort, weil Majakowski es später viele Male zum besten gegeben hat.

Wir waren bei der Arbeit immer sehr vergnügt. Kershenzew liebte uns und freute sich über jedes gelungene »Fenster«.

Zum Zeichnen bekamen wir ganze Rollen ausgesonderten Zeitungspapiers. Wir beschnitten und überklebten die rissigen Ränder. Praktisch! Wenn etwas mißraten war, brauchte man nicht mühselig zu radieren oder zu retuschieren, sondern konnte es einfach überkleben.

Unsere Arbeitsteilung war so: Majakowski machte die Zeichnungen mit Kohle, ich kolorierte, dann gab er ihnen den letzten Schliff. Unser Studio, ein großes Zimmer, war bitterkalt. Wir heizten das Kanonenöfchen, die Burshuika, mit alten Zeitungen und stellten die Farben und den Leim auf ihm warm, die sonst sofort hart geworden wären. Majakowski machte täglich Dutzende Verse zu den verschiedensten Themen. Wir gönnten uns kaum Schlaf. Eines Nachts legte er sich sogar ein Holzscheit unter den Kopf, um nicht zu lange zu schlafen. Tscheremnych zeichnete an die hundert Plakate pro Tag, meistens Häuser. Manchmal schlief er vor Übermüdung mitten beim Zeichnen ein und behauptete anderntags, das Plakat habe sich nach dem Gesetz der Trägheit von selbst vollendet. Manchmal veranstalteten er und Maja-

61

kowski ein »Wettrennen«. Sie bereiteten je zwölf Bögen vor, ich gab das Startzeichen, sie stürzten mit dem Kohlestift auf ihre Staffelei los und zeichneten um die Wette, wobei sie sich nach der durchs Fenster sichtbaren Uhr des Sucharew-Turms richteten.

Die Anzahl der Zeichnungen auf einem ROSTA-Plakat war unterschiedlich, von zwei bis sechzehn.

Für die künstlerische Abteilung gab es einen Sonderfonds. Der Druck von seiten der Maler war so stark, daß der Hauptbuchhalter einen Jungen vor seiner Tür postierte, der ihn vor den Malern warnen sollte. Wenn der Junge Majakowski, Tscheremnych und Maljutin anrücken sah, rief er aus Leibeskräften: »Die Maler kommen!«, und der Buchhalter entwischte schnell durch eine Hintertür.

Jede Honoraränderung lief über den Verband. Dorthin brachten Majakowski und Tscheremnych ihre Plakatmuster, und zwar möglichst solche, die nach viel Arbeit aussahen. Etwa eine Fabrik mit unzähligen Fenstern. Um die Wahrheit zu sagen, gerade so etwas war am allereinfachsten, es entstand blitzschnell, mit Hilfe von über Kreuz gelegten Linealen. Aber es machte Eindruck. Die Maler fragten: »Also, was meinen Sie, wie lange braucht man für ein solches Plakat?«

»Drei Tage.«

»Wo denken Sie hin! Allein schon die Fenster, machen Sie das mal – jedes einzelne zeichen!«

Eines Tages kam eine Revision. Sie erklärte, Tscheremnych sei Futurist und müsse umgehend entlassen werden. Majakowski blieb von diesem Verdacht verschont! Er setzte sich heftig für Tscheremnych ein und setzte sich durch.

Immer mehr Maler stießen zu uns, obwohl die Auswahl streng war und nicht nur künstlerischen Kriterien folgte. Einer legte zum Beispiel eine durchaus passable Zeichnung vor – einen Rotarmisten, aber leider mit einem vierzackigen Mützenstern. Majakowski ereiferte

62

sich darüber, machte sich lustig, und der Maler wurde mit Schimpf und Schande davongejagt.

Vervielfältigt wurden die Fenster mit der Schablonenmethode, von Hand. Die ersten Schablonen gingen zu den entferntesten Punkten des Landes, die nächsten zu näher gelegenen. Das Original hing am Tag nach dem Ereignis, worauf es sich bezog, in Moskau aus. Binnen zweier Wochen waren die jeweiligen »Fenster« in der ganzen Union verbreitet. Eine dazumal selbst für Lithographien unerhörte Geschwindigkeit.

Bald kamen die Aufträge nicht mehr von der ROSTA, sondern von anderen Behörden: von der Politverwaltung, vom Transportwesen, von der Abteilung Kommunalwirtschaft (»Schone die Straßenbahn«), vom Volkskommissariat für Gesundheitswesen (»Geh zur Pockenimpfung«, »Trinke kein unabgekochtes Wasser«), vom Bergbau.

Als die Bergleute die ersten Plakate von »Macht Vorschläge« sahen, bemängelten sie, daß die Arbeiter »so rot« seien, »wie blutbesudelt«. Majakowski fragte: »Welche Farbe wäre euch denn lieber?« – »Na schwarz zum Beispiel«, war die Antwort. »Da würdet ihr sagen – wie rußbesudelt.«

Sie akzeptierten die roten.

Pädagogen bestellten ein »Alphabet-Plakat«. Tscheremnych machte zwei Entwürfe, aber sie mißbilligten, daß es ein »politisches Alphabet« geworden war, und zogen den Auftrag zurück.

Der Niedergang unseres Unternehmens begann, als wir der Hauptverwaltung für Politbildung beim Volkskommissariat für Volksbildung unterstellt wurden und es mit Litho-, Zinko- und Typographie zu tun bekamen. Man stellte uns eine Liquidationsfrist, erst von zwei, dann von vier Wochen, dann mußten wir ganz schließen.

In diesem ROSTA-Sommer in Puschkino hat Majakowski auch manches lyrische Gedicht gemacht, meistens, während er abends am Waldrand oder auf den Wegen der Ortschaft spazierte.

Nicht weit von unserem Häuschen lag eine schöne große Datsche, in ihr wohnten zwei Schwestern, ihre Besitzerinnen. Beide hübsch. Und in ihrer Nachbarschaft, wohl in derselben Straße, wohnte ein bildschönes rothaariges Mädchen. Auf die jüngere der beiden Schwestern und das rothaarige Mädchen sind die beiden Gedichte »Beziehung zum Fräulein« und »In Heines Manier« gemünzt. Eigentlich wollte Majakowski einen ganzen Zyklus zu diesem Thema schreiben, aber wir mußten in die Stadt zurück.

In Puschkino ist auch das Gedicht »Skizze eines Lachens« entstanden. Täglich passierte ein Postzug den Ort, zu ihm kamen »Weiber mit Milch« und »Bauern mit Lammfleisch« gepilgert. Majakowski trällerte fortwährend dieses Gedicht – schwülstig, mit reichem Mienenspiel, zu einer bestimmten Melodie, die ich noch heute im Ohr habe.

Wäre es unter den Zug geraten,
welch Pfiff noch hätte genutzt hinterher.
Doch kam ein Bauer mit Lammfleisch daher,
pfiff, und das Weiblein war gut beraten.

Die vorletzte Strophe schmetterte er wie ein »Gloria und Hosianna«.

Zwar aus dem Dickicht des Volkes, doch
ein Retterengel, am hellen Tag wandelnder.
Du, Mittelbauer, mit Lammkeulen handelnder,
sei uns gepriesen und lebe hoch!

In Puschkino haben wir mehrere Sommer verbracht.
1919 hatten wir dort ein kleines Erlebnis, das ich vorgreifend erzählen möchte, weil es in unserem Zusammenleben eine gewisse Bedeutung erlangen sollte.

64

Wir spazierten an den Grundstückzäunen entlang, labten uns am Duft des blühenden Flieders. Majakowski marschierte mitten auf der Straße und murmelte vor sich hin, er schmiedete Verse, schlug dazu den Takt mit der Hand.

Plötzlich – ein Piepsen zu unseren Füßen. Wir machten erschrocken halt, sahen, daß wir beinahe über ein winziges Lebewesen gestolpert wären. Verwundert beugten wir uns hinab – das schmutzige Fellknäuel stupste mit der Schnauze an unsere Füße und winselte und winselte...

Majakowski, der gedankenverloren weitergegangen war, kam mit zwei Sprüngen zurück, reckte den Kopf über den Zaun und rief den Kindern im Garten zu:

»Gehört der Hund euch?«

»Nö!«

»Wem dann?«

»Keinem!«

Mit spitzen Fingern hob er das schmutzige kleine Hundevieh auf und setzte es sich auf die Hand. Wie auf Kommando machten wir kehrt und zogen nach Hause.

Der Hund, ein ganz junger Welpe, war so verdreckt, daß Majakowski ihn mit ausgestreckten Armen trug, damit keine Flöhe übersprangen.

Er hörte zu winseln auf und machte es sich in Majakowskis großen Händen wie in einem Sessel bequem. Majakowski versuchte seine Rasse zu bestimmen und kam zu dem Schluß: »Eindeutig eine dreckige!«

Zu Hause stellten wir den Samowar auf. Nach einer Weile tauchte Majakowski den Finger ins Wasser und sagte: »Gerade richtig!«

Vorm Haus setzten wir unseren Welpen in eine Waschschüssel und badeten ihn. Dreimal mußten wir das Wasser wechseln. Still und brav ließ er diese Prozedur über sich ergehen. Wir trockneten ihn gründlich ab, und Brik nahm ihn mit auf die Bank in die Sonne, damit er trocknete, ohne sich zu erkälten.

Ich stellte ihm ein Näpfchen mit warmer Milch und Brotbröseln ins Gras, tunkte ihn mit der Schnauze hinein, und sofort begann er zu schlabbern, hatte im Nu alles weggeputzt. Ich füllte nach, wieder lehrte er den Napf bis auf den letzten Tropfen. Erst beim drittenmal ließ er ein Restchen übrig.

Wir hatten damals selbst kaum zu essen. Milch war eine Kostbarkeit, das Brot reichte weder hin noch her. Das Hündchen, so stellten wir fest, hatte sich unser ganzes Abendbrot einverleibt. Es war zum Platzen satt. Sein Bäuchlein, kugelrund geworden, schwankte wie eine schwere Fracht, es verlor das Gleichgewicht und plumpste auf die Seite.

Wieder machten wir uns über seine Rasse Gedanken und fanden: »Jetzt ist es eindeutig eine blitzsaubere und satte!«

Majakowski taufte unseren Findelhund »Wau«.

An diesem Tag war das Schwimmengehen ausgefallen, aber alle kommenden Tage bis Sommerende sollten wir nun zu viert schwimmen gehen.

Das Flüßchen Utscha, anmutig windungsreich, mit lebhafter Strömung. Die Ufer schattig, das Wasser sonnig. Majakowski schwamm prustend, und Wau kläffte entrüstet hinter ihm her. Er wollte ihm nach, tappte mit den Pfoten ins Wasser, schrak zurück, kläffte aber unermüdlich weiter.

Majakowski winkte, pfiff, rief ihn in allen möglichen Variationen: »Wau!« – »Wauchen!« – »Wauwauuu!« – »Wauwauuiii!« – »Wauilein!«

Wau konnte sich nicht überwinden. Er sprang los, aber sowie seine Pfoten das Wasser berührten, nahm er in panischem Schrecken Reißaus, flüchtete zu mir und beklagte sich lauthals über sein schlimmes Erlebnis.

»Nicht doch, Wau, he, Wauchen!« rief Majakowski aus dem Wasser. »Du siehst doch, daß keiner Mitleid hat! Also komm, sei ein Mann! Laß uns wie zwei Männer schwimmen!«

Majakowskis rhetorisches Talent war so stark, daß Wau sich plötzlich einen Ruck gab, sich in die Fluten warf und zu ihm hinpaddelte.

Majakowskis »wauische« Freude war unbeschreiblich. »Leute, seht! Seht alle her! Ein besserer Schwimmer als ich! Daneben bin ich der reinste Wauwau!«

Es kam die Pilzzeit, es war ein pilzreiches Jahr. Wir freuten uns darüber – eine kleine Abwechslung und eine willkommene Ergänzung unserer kargen Küche.

Jeden Tag gingen wir in die Pilze, natürlich zu viert.

Majakowski legte bei diesen Pilzjagden einen fanatischen Ehrgeiz an den Tag. Dabei kam es ihm nicht auf die Quantität, sondern auf die Qualität an. Einmal fand er einen Steinpilz von anderthalb Pfund.

Im Chausseegraben wuchsen Champignons. Hier konnten wir unserer täglichen Portion sicher sein, denn die Einwohner und die meisten Sommerfrischler hielten sie für giftig.

Am meisten fielen Täublinge an. Die schmeckten zwar nicht sonderlich gut, waren aber schön anzusehen – farbig und stattlich gewachsen. Es machte uns Spaß, sie zu sammeln.

Später gab es Unmengen Hallimasch. Polja kochte sie, rieb sie klein und dickte das Ganze mit Mehl an. Noch heute spüre ich den würzigen Geschmack dieses Hallimaschbreis auf der Zunge, wenn ich in einem herbstlichen Wald oder durch herbstfeuchtes Laub gehe.

Den Hallimasch legten wir in solchen Mengen ein, daß wir den ganzen Winter davon zehren konnten. Auch Wau schmauste mit vollen Backen, nicht anders als wir.

Einmal gingen wir an dem Grundstück vorbei, wo wir Wau aufgelesen hatten, und die Kinder dort klärten uns über seinen Stammbaum auf. Die Mutter – ein reinrassiger Setter, der Vater unbekannt.

Wau schlug sichtlich nach seiner Mutter. Er hatte ein seidenweiches Fell mit rötlichem Glanz (worüber sich Majakowski nicht genug freuen konnte), drollig lockige lange Ohren und einen dementsprechend zünftigen Schwanz. Nur die Schnauze war dunkel, und seine Körpermaße übertrafen die Setternorm um das Anderthalbfache.

»Desto besser«, meinte Majakowski. »Wir beide sind eben große Menschenexemplare.«

Sie waren sich ungemein ähnlich. Beide mit großen Pfoten und großem Kopf. Beide wetzten, wenn sie aufgeregt waren, mit aufgestelltem Schwanz umher. Beide winselten kläglich, wenn sie etwas haben wollten, und gaben nicht eher nach, bis sie es hatten. Beide konnten sie gegen den erstbesten, der ihnen in die Quere kam, loskläffen, einfach so, der schönen Worte wegen.

Bald nannten wir Majakowski ebenfalls Wau. Nun hatten wir zwei »Waus« – den »Großen Wau« und den »Kleinen Wau«. Seitdem unterschrieb Majakowski alle seine Briefe und sogar Telegramme an uns mit »Wau« oder »Wauchen«.

Später gewöhnte er sich in seinen Briefen an, statt zu unterschreiben, sich als »Wau« zu zeichnen, manchmal nur mit ein paar Strichen.

Hier einige Beispiele.

Auf einem Dampfer im Atlantischen Ozean.

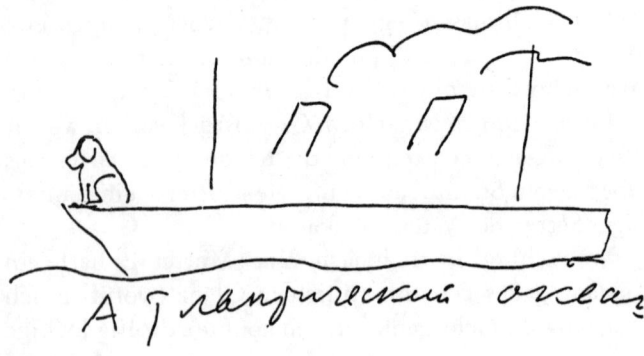

68

Wau in Mexiko, er sitzt auf einer Palme und guckt durchs Fernrohr nach Moskau.

Ein Brief aus Paris. Wau vor dem Eiffelturm.

Die Geschäfte rufen; Wau hastet in Puschkino zum Moskau-Zug.

Auf dem Weg zur Arbeit.

Wau ist krank, hat Grippe.

Nach dem Englischunterricht.

Wau, abgemagert, mit räudigem Fell.

Fröhlich, mit Blumen.

Hier Beispiele der „Wau-Kürzel".

In diesem Jahr blieben wir lange in Puschkino, bis in die ersten Septembertage.

An den Abenden saßen wir auf der Bank vorm Haus, sahen dem Sonnenuntergang zu und dem kleinen Wau, wie er mit aufgestelltem Schwanz umherpirschte.

Der sonnige Abendhimmel bot immer ein neues prächtiges Schauspiel, das aber jedesmal unweigerlich damit endete, daß die Sonne hinterm Horizont verschwand.

Das ärgerte Majakowski, und er schrieb ein Gedicht darüber – »Seltsames Abenteuer Wladimir Majakowskis, sommers auf dem Lande«.

Beim Dichten ging Majakowski meistens spazieren, da schlenderte er durch die Ortsstraßen, am Waldrand entlang oder über die große Wiese, und Wau trottete hinter ihm her wie ein Hundejunges seiner Mutter.

Die Tage wurden merklich kürzer, die Abende unangenehm kalt. So hieß es zurück in die Stadt.

Die Sachen wurden am Morgen von einem Fuhrwerk geholt. Aber Wau nahmen wir mit auf die Bahn, und die ganze Fahrt starrte er wie gebannt aus dem Fenster.

Am Bahnhof stiegen wir in eine Droschke, und unterwegs stellte Majakowski Wau die Stadt vor. Wie ein Touristenführer erklärte er schallend:

»Und das, Genosse, ist der Kasaner Bahnhof. Noch unter den Bourgeois erbaut. Bedeutend durch seine architektonische Häßlichkeit. Schau weg! Sonst versaust du dir deinen an Majakowskis Versen geschulten Geschmack!«

Wau riß den Kopf hoch, blickte Majakowski in die Augen, wandte sich ruckartig ab und betrachtete angelegentlich die andere Straßenseite.

»Das ist die Mjasnizkaja. Hier wohnt unser Freund Ljowa. Ein wirklicher Mensch, so wie wir beide, und hier ist die Architektur schön!«

»Der Rote Platz! Es gibt nichts Erstaunlicheres auf dem ganzen Erdball!«

Moskau 1917

So trudelten wir in der Poluektowa-Gasse, das heißt zu Hause, ein. Empfangen wurden wir von Muska, einer Hündin aus der Nachbarschaft – ein Beinahe-Foxterrier. Bei Waus Anblick führte sie einen wahren Freudentanz auf. Wau freute sich ebenfalls, war bei der Begrüßung aber ziemlich zerstreut – zuviel Neues auf einmal!

Wir haben
        auf zwölf Quadrat-Arschin
                logiert
(ein Arschin
        ist noch lange kein Meter) –
Lilja,
    Ossja
        und ich –
           zu viert
mit unserem
        lieben Köter.*

---

* Deutsch von Hugo Huppert

So beschrieb Majakowski in seinem Poem »Gut und schön!« unser damaliges Leben.

Die Wohnung hatte viele Zimmer, die wir aber nicht heizen konnten. Wir rückten zusammen, verkrochen uns vor der Kälte alle in einem Raum, dem kleinsten. Die Wände und jeden Zentimeter des Fußbodens deckten wir mit Teppichen ab, damit es nicht zog. In einer Ecke waren ein Ofen und ein Kamin. Den Ofen benutzten wir selten, aber den Kamin heizten wir morgens, mittags und abends mit alten Zeitungen und Teilen von Holz- oder Pappkisten.

Wau ließ es sich auf dem Teppich vor dem Kamin wohl sein. Da kratzte es an der Tür. Wau blickte zur Tür, dann zu Majakowski. Majakowski sagte: »Bitte sehr, treten Sie näher!«, öffnete, und Muska spazierte herein. Sie begrüßte jeden einzelnen mit dem Schwanz, wanderte durchs Zimmer, alle Winkel inspizierend, und legte sich neben Wau vor den Kamin.

Sie hatten innige Freundschaft geschlossen, obwohl sie viel älter war als er. Sie besuchten einander und spielten zusammen auf dem Hof.

Sie waren ein urkomisches Pärchen. Er – groß, täppisch und unbeholfen umherspringend, mit einem Riesenrachen und einer ohrenbetäubenden Stimme, ausgesprochen kläfflustig; sie – klein, rundlich, still, elegant trippelnd.

Nachts schlief Wau zu Majakowskis Füßen. Er hatte einen tiefen Schlaf. Gemeinsam standen sie auf.

Eines Nachts fuhr Wau im Bett auf. Majakowski wurde davon wach und machte Licht. Wau saß hochaufgerichtet, starrte zur Tür, den Kopf geneigt, die Ohren in sichtlicher Unruhe gespitzt.

Wir schwiegen und lauschten auch. Tiefe Stille.

»Was hast du? Was ist los?«

Wau sprang vom Bett, lief zur Tür, bäumte sich und schlug mit den Vorderpfoten auf die Klinke.

Die Tür rührte sich nicht.

74

Waus Unruhe wuchs. Er wirbelte zwischen Majakowski und der Tür hin und her, bellte wild, wollte, daß wir die Tür öffneten.

Wie angespannt wir auch lauschten, außer Waus Bellen hörten wir nichts. Aus Sorge um die Nachtruhe der Nachbarn reckte sich Majakowski vom Bett aus zur Tür und öffnete den Haken.

Wau stürzte in die Diele, sprang an der Eingangstür hoch und bellte und tobte, gebärdete sich wie toll.

Majakowski brummte: »Das Biest ist verrückt geworden!«, zog die Hausschuhe an und schlurfte hinaus.

Wau bellte nicht mehr, sondern heulte und klagte, schickte Majakowski flehentliche Blicke, ohne einen Fußbreit von der Tür zu weichen. Majakowski schloß auf.

Im Hausflur kauerte Muska – blutüberströmt, mit verwundeten Lenden und gequetschter Pfote.

Sie winselte kaum hörbar. Wau lief zu ihr.

Majakowski hob sie auf und trug sie ins Zimmer. Sie war offenbar in eine Straßenbalgerei geraten und mit knapper Not davongekommen.

Ich machte mich daran, mit dem abgekochten Restwasser aus dem Samowar ihre Wunden zu waschen. In Majakowskis Hände geschmiegt, schien sie sie mir geradezu hinzuhalten und winselte erschüttert und dankbar. Wau stützte sich mit den Pfoten auf Majakowskis Knie und schnellte immer wieder hoch, um uns zum Dank Gesicht und Hände zu lecken.

Brik machte Feuer im Kamin. Vor dem Kamin breiteten wir ein sauberes Handtuch aus und setzten Muska darauf. Sie begann ihre Wunden zu lecken. Wau gesellte sich zu ihr, legte sich so hin, daß er sie wenigstens mit einem Fleckchen seines Körpers berührte. Er zitterte immer noch, hob fortwährend den Kopf, doch als er sich vergewissert hatte, daß alles in Ordnung war, sich Muska beruhigte, ließ er ihn endgültig sinken und schlief ein.

Wau war ein prima Junge! Fröhlich, zärtlich, klug und einfühlsam. Ein richtiger Freund.

Wenn einer von uns traurig war, spürte er es und tröstete ihn, so gut er konnte. Schlug Majakowski grübelnd die Hände vors Gesicht, so stellte sich Wau auf die Hinterbeine und versuchte, sie mit Schnauze und Pfoten wegzuziehen.

Eines Tages, nachdem er eine schwere Krankheit durchgemacht hatte, kam Ljowa Grinkrug zu uns, um sich in unserem stillen Gäßchen von der lauten, zentralen Mjasnizkaja zu erholen.

Wau hatte anscheinend noch Majakowskis Bemerkung über »unseren Freund Ljowa« im Ohr, denn er kümmerte sich rührend um ihn, legte sich zu ihm aufs Krankenlager, begleitete ihn behutsam bei seinen ersten Spaziergängen.

In diesem Hungerwinter ging Majakowski zu Fuß zu seiner Arbeit auf dem Sretenski-Boulevard. Die Straßenbahnen verkehrten nicht, eine Droschke zu nehmen war undenkbar – fürchterliche Schlaglöcher!

Wau begleitete ihn stets bis zum Metzger an der Ecke zur Ostoshenka.

Gemeinsam betraten sie den Laden, und Majakowski kaufte ein Pfund Pferdefleisch. Gleich draußen gab er es ihm zu fressen, und er verschlang es blitzschnell. Das war seine Tagesration, mehr gab es nicht. Er verschlang es, wedelte mit dem Schwanz und trollte sich wieder nach Hause. Majakowski winkte ihm mit der Mütze und ging seiner Wege.

In diesem Winter mußten wir für einige Zeit verreisen, und Majakowski brachte Wau vorsorglich bei guten Bekannten unter.

Noch am Tag unserer Rückkehr fuhren wir ihn holen. Wir klingelten, aber hinter der Tür blieb es still, kein fröhliches Begrüßungsgebell wie sonst. Dasselbe, als uns geöffnet wurde. Wau ließ sich nicht blicken.

Ohne abzulegen, ging Majakowski schnurstracks ins Eßzimmer vor. Wau saß auf dem Sofa, mager, daß alle Rippen zu sehen waren, den Kopf in unsere Richtung gewandt, die Augen matt. So stellt man sich die herrenlosen Hunde in den Gassen des alten Konstantinopel vor.

Majakowskis Gesicht in diesem Moment werde ich nie vergessen. Mit einem einzigen Riesensatz war er bei Wau, nahm ihn auf die Arme und drückte und wiegte ihn. Wau schmiegte sich zitternd an ihn.

Als wir in der Droschke saßen, sagte Majakowski: »So was darf man eben nicht machen – seinen Hund fremden, lieblosen Händen überlassen. Auch ihr, gebt mich niemals in fremde Hände! Versprecht ihr mir das?«

Nach wenigen Tagen war Wau wieder wohlauf, er machte sich immer besser heraus. Mit der Verpflegung wurde es leichter. Wir fütterten ihn gut, wärmten und hätschelten ihn.

Man konnte zusehen, wie er wuchs. Er wurde ein stattlicher Bursche, unsere Promenadenmischung, sah mit seinem rötlichen Fell und seinen Hängeohren wie ein waschechter, nur etwas zu groß geratener Setter aus. Er war sehr anhänglich, fast zu sehr. Und über die Maßen lauthals und leutselig.

Viele auf dem Hof konnten ihn nicht leiden, ja hatten Angst vor ihm, weil er jedermann ansprang mit ohrenbetäubendem Gebell, sich mit den Vorderpfoten gegen seine Schultern warf, so daß er ihn fast umriß vor lauter fröhlichem Gefühlsüberschwang. Der Betroffene ergriff schreiend die Flucht und sah sich von diesem schrecklichen Ungeheuer auch noch verfolgt. Das »Ungeheuer« hielt es nämlich für Spiel.

Majakowski warnte Wau. Das könne böse enden, erklärte er ihm, die schlechten, argwöhnischen Menschen begriffen solche Unmittelbarkeit nicht, hier kreuzten »alle möglichen« auf, er solle zurückhaltender sein, sich in acht nehmen.

Wau sah Majakowski dabei so aufmerksam, mit so einsichtsvoller Miene an, als verstünde er alles Wort für Wort und nähme es sich zu Herzen. Sobald es dunkelte, kam er von selbst, ohne daß wir ihn rufen mußten, kam

77

entweder allein oder zusammen mit Muska und meldete sich an der Tür mit beharrlichem Bellen.

Eines Abends war es schon dunkel, Wau aber noch nicht zu Hause. Wir wollten Abendbrot essen.

Majakowski setzte sich die Mütze auf und ging runter, nach Wau Ausschau halten. Aber auf dem Hof fand er ihn nicht. So, wie er war, ohne Mantel, lief Majakowski vors Hoftor, ging die Gasse auf und ab, schaute sich auf den Höfen um. Er rief, pfiff. Vergeblich!

Stundenlang klapperten wir die Straßen der Umgebung ab, suchten in den Nachbarhäusern, fragten Passanten, ob sie nicht einen rotbraunen, auffallend schönen Hund gesehen hätten.

Nachts konnte Majakowski nicht schlafen – kein Wau zu seinen Füßen!

Am Morgen bekam er keinen Bissen herunter, so sehr fehlte ihm Waus Gesellschaft. Wenn wir frühstückten, hatte er zwischen unseren Stühlen gesessen, eifrig bemüht, uns die eine oder andere Pfote zu geben. Ohne hinzusehen, ohne zu kauen, schlang er alles herunter, was wir ihm zuwarfen; ob es ein winziges Stückchen oder ein Riesenbissen war, er sperrte den Rachen auf und klappte ihn wie ein Nußknacker zu.

Uns war nicht bewußt gewesen, welch großen Platz Wau in unserem Alltag eingenommen hatte. Nun gab es niemanden mehr, der Majakowski bis zum Metzger an der Ecke begleitete; niemanden mehr, nach dem Majakowski sich umblicken konnte, um ihm mit der Mütze ein Tschüs zuzuwinken.

Wo war er? Was mochte ihm zugestoßen sein?

Wenn ihn jemand gestohlen und er ein freundliches neues Herrchen und satt zu fressen hatte – na gut. Aber wenn er überfahren oder von einem Hundefänger aufgegriffen worden war?

Schließlich erreichte uns das Gerücht, irgendein Fremder habe Wau angelockt und totgeschlagen.

Einfach so, aus Niedertracht.

78

Majakowski schwor, es dem Mörder heimzuzahlen, würde er seinen Namen herausbekommen.

Wenig später zogen wir um, so sollten wir nie erfahren, wer unseren Wau umgebracht hatte.

Elf ganze Monate war er auf dieser Welt gewesen.

Majakowski behielt Wau immer in Erinnerung. Wie kein anderer wußte er Freundschaft zu schätzen, und alte Freunde vergaß er nie.

Ich kann mich nicht mehr erinnern, wie unsere Gespräche über den leidigen Alltag begannen. Nach den entbehrungsreichen, harten Revolutions- und Bürgerkriegsjahren kamen nach und nach die alten Lebensgewohnheiten wieder auf. Es war, als hielten mit den kleinen Weißbroten die alten Zeiten wieder Einzug. Häufig sprachen wir darüber, doch ohne daß wir zu einem Schluß gekommen wären.

Ich weiß nicht mehr, warum ich eher als Majakowski in Berlin war. Ich weiß nur noch, wie sehr ich ihn dort erwartete. Mir schwebte vor, daß wir gemeinsam all die neuesten Wunder von Kunst und Technik besichtigen gingen.

Wir stiegen im »Kurfürstenhotel« ab, wo Majakowski dann immer wohnte, wenn er in Berlin war.

Aber wir haben kaum etwas zu Gesicht bekommen.

Majakowski machte ein paar Lesungen, und die übrige Zeit ... Es stellte sich ein Spielkumpel ein, ein Russe, und Majakowski hockte Tag und Nacht auf dem Zimmer und pokerte mit ihm. Aus dem Haus ging er nur, um Blumen für mich zu bestellen – Riesenkörbe, die knapp durch die Tür paßten, oder Sträuße, die er gleich samt ihren Vasen aus dem Schaufenster des Blumengeschäfts bringen ließ. Die deutsche Mark galt damals nichts, so daß wir mit unserem Geld in unerwartetem Reichtum schwelgten.

Morgens nahmen wir unseren Kaffee auf dem Zimmer, und mittags und abends gingen wir zusammen mit

Majakowskis Domizil in Berlin

Freunden und Bekannten, die zufällig in Berlin weilten, zu »Horcher«, einem der teuersten Restaurants, großartig speisen. Majakowski hielt alle frei, was mir etwas peinlich war, ich fand, er führte sich wie ein Kaufmann oder Mäzen auf. Herr Horcher und der Kellner sprachen ihn mit »Herr Majakovsky« an und rissen sich schier ein Bein aus, um es ihm – ein reicher Kunde schließlich! – in allem recht zu machen. Zum Nachtisch brachte ihm der Kellner, als wäre es die größte Selbstverständlichkeit der Welt, fünf Portionen Melone oder Kompott, etwas, was Majakowski vor den schweren Jahren stets in Unmengen gegessen hatte. Als wir das erstemal dort waren und jeder sein Dessert bestellte, trompetete Majakowski: »Iech fjünf Porzion Mjelon uund fjünf Porzion Kampott. Iech bien ajn ruussischer Djichter, bekaant iem ruussischen Laand, *weniger darf ich nicht essen.*«

Von Berlin aus machte Majakowski einen Abstecher nach Paris, Djagilew hatte ihn eingeladen. Als er nach einer Woche zurückkam, ging alles von vorn los.

Wieder in Moskau, kündigte Majakowski zwei Veranstaltungen an. »Was ist Berlin?« und »Was ist Paris?« (So stand es, glaube ich, auf den Plakaten.)

Zu der ersten Veranstaltung wurde berittene Miliz vor dem Polytechnischen Museum zusammengezogen. Majakowski war früher gegangen und hatte versprochen, mich am Eingang abzuholen. Als ich hinkam, war er nicht da. Er hatte vor der Riesenmenge die Flucht ergriffen (nicht einmal Stehplätze gab es mehr) und beim Einlaß Bescheid gesagt. Aber ich schaffte es nicht, mich dorthin durchzudrängen. Schließlich bugsierte mich doch noch jemand hinein.

Der Saal war proppenvoll, jeder Platz doppelt besetzt; man saß auf den Stufen der Gänge und auf der Bühnenrampe. Im hinteren Teil und zu seiten der Bühne hatte man Stühle für Majakowskis Bekannte aufgestellt.

Majakowski wurde mit donnerndem Beifall begrüßt. Er begann zu erzählen, doch was er erzählte, waren alles

Erlebnisse und Beobachtungen aus zweiter Hand. Erst hörte ich verwirrt und gepeinigt zu, dann hielt ich es nicht mehr aus und machte einige Einwürfe, kränkende vielleicht, die ich aber für gerechtfertigt hielt.

Ich saß mit auf der Bühne, ziemlich eingekeilt. Majakowski schielte erschrocken zu mir herüber. Komsomolzen, Jungs und Mädchen, vor mir auf der Bühnenrampe, die kein Wort von Majakowski verpassen wollten, zischten mich wütend aus. Dieses Bourgeoisdämchen! mögen sie gedacht haben, was kommt sie zu Majakowski, wenn sie nichts von ihm versteht ... So etwa drückten sie sich jedenfalls aus.

Dann war Pause. Majakowski sagte nichts, aber Dolidse, der Veranstalter, beschwor mich, um Himmels willen keinen Skandal zu machen. Als es weiterging, verbot er mir, die Garderobe zu verlassen. Aber ich hatte sowieso keine Lust, in den Saal zurückzugehen.

Mein Herz war so schwer, daß ich nicht einschlafen konnte. Ich schluckte Veronal und schlief bis mittags.

Majakowski kam mißmutig, düster zum Essen. Er fragte, ob ich zu der Veranstaltung morgen mitkäme.

»Natürlich nicht.«

»Was denn, soll ich absagen?«

»Mach, was du willst.«

Majakowski sagte die Veranstaltung nicht ab.

Am nächsten Tag riefen mich mehrere Freunde und Bekannte an:

»Warum waren Sie nicht dabei? Sind Sie krank? Aus Wladimir Wladimirowitsch war ja nichts herauszukriegen ... Er ist so finster ... Schade, Sie hätten kommen sollen ... So was von interessant, solch ein Erfolg ...«

Majakowski war wie eine Gewitterwolke.

Wir hatten eine lange Aussprache, wurden heftig und bitterernst.

Beide weinten wir. Glaubten umzukommen. Alles aus und vorbei! Alles war zur Gewohnheit geworden – die Liebe, die Kunst, die Revolution. Alles war selbstverständlich geworden – daß wir einander hatten, daß wir Schuhwerk und Kleider hatten, im Warmen saßen. Und dann und wann Tee tranken. Wir versanken im Alltag. Sanken auf den Grund. Nie mehr würde Majakowski etwas Wirkliches schreiben ...

Solche Aussprachen hatten wir in letzter Zeit des öfteren gehabt, aber keine Konsequenzen daraus gezogen. Doch jetzt, in dieser Nacht noch, faßte ich den Entschluß, mich wenigstens für ein, zwei Monate von ihm zu trennen. Damit wir uns darüber klarwurden, wie es mit uns weitergehen sollte.

Majakowski schien sich über diesen Ausweg aus der Ausweglosigkeit zu freuen, sagte: »Heute haben wir den 28. Dezember. Wir sehen uns also am 28. Februar.« – und ging.

Am Abend danach kam ein Brief von ihm:

»Lilchen,

ich sehe, Du bist eisern entschlossen. Ich weiß, ich setze Dir zu und tue Dir damit weh. Aber, Lilchen, was heute mit mir war, ist zu schrecklich, als daß ich nicht nach dem letzten Strohhalm greifen könnte, einem Brief.

So schwer habe ich es mit mir noch nie gehabt – vielleicht bin ich wirklich zu groß geworden. Früher glaubte ich an ein Wiedersehen, wenn Du mich weggejagt hattest. Jetzt fühle ich, daß ich vom Leben vollends abgetrennt bin, daß nichts mehr, nie mehr etwas sein wird. Ohne Dich ist kein Leben. Ich habe das immer gesagt, wußte es immer. Jetzt fühle ich es, fühle es bis ins Innerste. Alles, alles, woran ich mit Freude gedacht habe, ist heute gleich Null – entsetzlich.

Ich drohe nicht, ich will kein Verzeihen erzwingen. Ich kann Dir nichts versprechen. Ich weiß, es gibt kein Versprechen, das Dein Vertrauen hätte. Ich weiß keinen Weg zu Dir, zur Versöhnung mit Dir, der Dich nicht schmerzen würde.

Trotzdem kann ich nicht anders, als Dir zu schreiben, Dich um Verzeihung für alles zu bitten.

83

Wenn Dir der Entschluß schwergefallen ist, im Kampf mit Dir selbst, wenn Du das Letzte wagen willst, wirst Du verzeihen, wirst Du mir antworten.

Doch auch wenn Du nicht antwortest – Du bist mein einziger Gedanke. Wie ich Dich vor sieben Jahren liebte, so liebe ich Dich in dieser Sekunde; egal, was Du wünschst, was Du befiehlst, ich werde es tun, mit Begeisterung tun. Wie grausam, sich zu trennen, wenn man weiß, daß man liebt und selbst schuld ist an dieser Trennung.

Ich sitze im Café und heule. Die Kellnerinnen lachen über mich. Schrecklich der Gedanke, daß mein ganzes Leben so sein wird.

Ich schreibe nur von mir, nicht von Dir; schrecklich der Gedanke, daß Du ruhig bist und Dich mit jeder Sekunde weiter von mir entfernst und mich nach noch ein paar Sekunden vergessen haben wirst.

Sollte Dir dieser Brief mehr als Schmerz und Abscheu bereiten, so antworte um Christi willen, antworte gleich, ich laufe nach Hause und warte. Wenn nicht – o schreckliche, schreckliche Trauer.

Ich küsse Dich. Ganz Dein

Ich

Es ist 10, wenn Du bis 11 nicht geantwortet hast, weiß ich, man kann nichts erwarten.«

Zwei Monate hat Majakowski in seinem Freiwilligenkerker zugebracht. Er saß sie gewissenhaft ab, ohne sich zu verzeihen oder sich etwas vorzumachen. Manchmal strich er unter meinen Fenstern vorbei. Gab bei der Haushälterin Annuschka Briefe, Billetts (»Billettgeplätscher«) und kleine Zeichnungen für mich ab. Das war das einzige, was er sich erlaubte – ein paar traurige oder scherzhafte Worte »zur Entlastung«, und selbst das klang wie eine Bitte um Entschuldigung. Auf dem Band »13 Jahre Arbeit«, den ich zu dieser Zeit von ihm erhielt, steht handschriftlich:

Ihr laßt nicht mal Briefe an euch heran.
Das Köpfchens Diskus ging unter für immer.
Was ist das wohl? Briefwechsel dann und wann?
Mau-Mäuzchen, wau! Es ist Wechselgewimmer.

Damals schickte er mir auch seinen neuen Band »Lyrik«.
Dieses Exemplar ist mir abhanden gekommen, seine
Widmung weiß ich aber noch auswendig:

Verzeih, Lilik, Liebes – bettelbillig
die Sprachwelt von mir! Doch nimm ihn, den Band.
Zwar, Lilik, müßte er heißen »Lilik«,
nur hat er sich selber »Lyrik« genannt.

Der Band war schlampig gemacht. Das schrieb ich Majakowski, er antwortete mit den Zeilen:
    »Ich küsse Dich, Mäuzchen: der Band kann so mies
nicht sein, da ja ›Für Lilja‹ drinsteht und alles, was Dein
ist. Dein Wau.«
    Vielleicht taucht auch dieses Exemplar einst wieder
auf, so wie sich in der Abteilung für seltene Bücher der
Leninbibliothek das Poem »Der Mensch« mit der
Widmung wiederfand:
    Dem Autor meiner Verse Lilchen
                                        Wolodja
Er schickte mir Briefe, Billetts, Zeichnungen, Blumen
und Vögel in Bauern – Gefangene wie er. Einmal einen
großen Kreuzschnabel, der Fleisch fraß, wie ein Pferd
kotete und ein Gitter nach dem anderen durchbiß. Aber
ich versorgte und pflegte ihn in dem abergläubischen
Gefühl, daß, wenn er stirbt, Majakowski etwas zustoßen
würde. Als wir uns wieder versöhnt hatten, schenkte ich
all diese Vögel weg. Briks Vater besuchte uns, wunderte
sich sehr, daß sie nicht mehr da waren, und fragte be-
deutungsvoll: »Ja, im Grunde gesehen – wo sind die
Vöglein geblieben?« Dies griff Majakowski in seiner
»Kleinphilosophie« auf:

Die Jahre sind Möwen.
                    Ziehn in Zeilen und drehn
ins Wasser ab –
            Fisch sich ins Bäuchlein zu schieben.
Man sieht sie nicht mehr.
                    Ja, im Grunde gesehn –
wo sind die Vöglein geblieben?

Er schickte mir Briefe, Billetts und Zeichnungen und
schrieb ein Poem über dies alles, das Poem »Darüber«,
das heißt über die Liebe und den Alltag, worüber er sich
in den zwei Monaten klarwerden wollte. So hatte er ein
Ziel – das Poem zu vollenden, mich wiederzusehen und
einen neuen Anfang mit mir zu finden.

Er arbeitete Tag und Nacht, schrieb alles aus sich
heraus – seinen Schmerz über unsere Trennung, seinen
Zorn auf das Philistertum, auf die »Toteninsel« in ihrem
dekadenten Rähmchen, auf das seelenruhige Teetrinken,
auf sich, weil er sich in dem, was er verabscheute, selbst
versinken sah, wie auch auf seine Spiel- und Zechpartner.

Zuweilen konnte er sich nicht zurückhalten und rief
mich an, da sagte ich ihm mal, er solle mir schreiben,
wenn es ganz dringend ist.

»Lilichen, ständig ist mir, als ob Du mich doch sehen
möchtest, es nur nicht sagen magst: – schade.

Habe ich recht?

Wenn Du nicht möchtest, schreibe es gleich; sagst Du
es mir erst am 28. (ohne mich gesehen zu haben), so
werde ich das nicht überleben. Du *mußt* mich *nicht* lieben, nein, aber sage es mir bitte selbst. Natürlich liebst
Du mich nicht, Du sollst es mir aber ein wenig lieb sagen. Manchmal glaube ich, mir wurde die Strafe zugedacht, zum Teufel geschickt zu werden am 28.

Kindchen, antworte (es ist nunmehr ›ganz dringend‹).
Ich warte unten. Nie wieder, nie im Leben will ich so
sein. Darf es auch nicht. Kindchen, wenn Du mir

schreibst, bin ich schon, *bevor der Zug da ist*, beruhigt.
Aber schreib ehrlich, die Wahrheit!

Ich küsse Dich

Dein Wau.«

Als wir uns kennenlernten, gefiel es ihm, daß ich so
viele Verehrer hatte. Ich weiß noch, wie er sagte: »Gott,
wie ich das liebe – wenn einer vor Eifersucht umkommt,
sich verzehrt, sich quält.«

Beschlichen diese Gefühle ihn selbst, so versuchte er
sie nicht zu unterdrücken, sondern gab sich ihnen bewußt hin, ja schürte sie.

Und jetzt, da ich ihm fern war, flammten sie mit aller
Heftigkeit auf.

»Liebes, teures Lililein,

als ich Dir heute den Brief sandte, wußte ich, daß Du
nicht antworten wirst. Ossja sieht es, ich habe nicht geschrieben. Dieser Brief liegt im Tisch. Du wirst nicht
antworten, weil Du schon einen Ersatz für mich hast, ich
für Dich nicht mehr existiere. Ich will nichts erzwingen,
doch, Kindchen, mit zwei Zeilchen kannst Du machen,
daß mein Schmerz nicht gar zu groß ist. Er ist es! Sei
nicht geizig, selbst nach diesen Zeilchen habe ich noch
Möglichkeiten genug, mich zu quälen. Das Zeilchen bist
ja nicht Du! Aber zu großer Schmerz muß nicht sein,
Kindchen. Wenn das eifersüchtiger Quatsch ist,
schreibe, bitte! Wenn es stimmt, schweige. Nur sag
keine Unwahrheit – ich flehe Dich an.«

»Lilichen,

schreib wenigstens ein Wort auf. Gib es Annuschka.
Sie bringt es mir runter.

Sei nicht böse.

In allem spüre ich eine bestimmte Bedrohung.

Dir gefällt bereits jemand. Du erwähnst nicht einmal
meinen Namen. Du hast jemanden. Alle halten vor mir
hinterm Berg ...«

Seine Antwort auf meine, wo ich ihm versichere, wie
sehr ich ihn liebe:

87

»Lilchen,

ich schreibe Dir erst jetzt, weil ich Dir in Koljas Beisein nicht antworten konnte. Ich muß es jetzt tun, damit mich meine Freude nachher nicht hindert, überhaupt noch was zu verstehen.

Dein Brief macht mir Hoffnungen, mit denen ich keinesfalls rechnen darf und es auch nicht will, weil keine Rechnung, die von Deinem alten Verhältnis zu mir ausgeht, aufgehen kann, erst eine, die entsteht, wenn Du mein jetziges Ich kennst ...

Auch meine Briefelchen sollst und kannst Du nicht in Rechnung ziehen, denn erst am 28. soll und kann ich irgendwelche Entscheidungen zu unserem Leben (sofern es das geben wird) treffen. Das ist absolut richtig – denn wenn ich das Recht und die Möglichkeit hätte, schon in diesem Moment etwas endgültig zu entscheiden, wenn ich mich in Deinen Augen für die Richtigkeit dieser Entscheidung verbürgen könnte, würdest Du mich heute fragen und mir noch heute Deine Antwort sagen. Und ich könnte schon heute glücklich sein. Wenn ich diese Vorstellung verliere, sinken mir alle Kräfte und aller Glaube an die Notwendigkeit, dieses ganze Grauen auszuhalten. Mit knäbischer, lyrischer Tollheit klammere ich mich an Deinen Brief.

Aber Du sollst wissen, daß *Du am 28. einen Dir gänzlich neuen Menschen kennenlernst. Alles zwischen Dir und ihm wird nicht aus den alten Theorien hervorgehen, sondern aus Handlungen, Deinem und seinem Verhalten.*

Dies muß ich Dir schreiben, weil ich in diesem Moment eine nervliche Erschütterung erlebe wie noch nie, seit ich fort bin.

Du verstehst, von welcher Liebe zu Dir, welchem Empfinden für mich dieser Brief diktiert ist.

Sollte Dir ein wenig bange sein vor der riskanten Spazierfahrt mit einem Menschen, von dem Du einst nur vom Hörensagen wußtest, er sei ein recht lustiges, nettes Kerlchen, dann schreibe, schreibe.

88

Ich bitte und warte. Warte unten darauf, was Annuschka bringt. Ich möchte Deine Antwort haben, muß sie haben. Und antworten wirst Du wie einem penetranten Freund, der Dich vor einer gefährlichen Bekanntschaft ›warnte‹: ›Hauen Sie ab, was geht Sie das an! Ich will es so!‹

Du sagtest, ich dürfe Dir schreiben, wenn es ganz dringend ist – das ist es jetzt, sehr.

Vielleicht fragst Du Dich: Warum schreibt er das? Es ist doch alles klar. Schön, wenn es so ist. Entschuldige, daß ich Dir heute schreibe, wo Du das Haus voll hast – ich möchte nicht, daß dieser Brief irgendwas durch die Nerven Verzerrtes hat. Und morgen wäre es so. Das ist der ernsteste Brief in meinem Leben. Kein Brief eigentlich, sondern:

›Existenz‹.

Ich umarme von Kopf bis Fuß Deinen kleinen Finger.

Wau.

Mein nächster Brief kommt von einem jungen Menschen am 27.«

Der Brief trug ein rotes Siegel mit dem Abdruck von Majakowskis Ring.

Ich haderte mit ihm und mit mir, weil wir uns nicht an die Abmachung hielten, brachte es aber nicht über mich, ihm nicht zu antworten – zu sehr liebte ich ihn! So entwickelte sich zwischen uns richtiger »Briefwechsel«. Ein paarmal liefen wir uns zufällig über den Weg.

Fast täglich traf ein Brief von ihm ein.

»Teures und geliebtes Lilchen,

ich habe mir strengstens verboten, abends an Dich zu schreiben oder mich Dir irgendwie bemerkbar zu machen. Das ist eine Zeit, in der ich immer ein wenig verdreht bin.

Nach Deinen Briefchen hatte ich eine ›Entladung‹, so kann und will ich Dir endlich in Ruhe schreiben.

Bei diesen Zusammentreffen gebe ich immer eine blöde Figur ab, kann ich mich selber nicht leiden.

Noch was: Ärgere Dich nicht, mein Lichtgesicht, daß ich Dir Liebesbeteuerungen abpresse. Ich weiß, Du schreibst sie mir vorwiegend deshalb, daß es nicht zu schwer für mich ist. Ich leite mir nichts daraus ab, keinerlei ›Verbindlichkeiten‹ von Deiner Seite, und mache mir keinerlei Hoffnung.

Gib auf Dich acht, Kindelchen, auf Deine Ruhe. Ich hoffe, Dir dereinst noch mal angenehm zu sein, jenseits aller Verträge und meiner wilden Ausfälle.

Ich schwör Dir bei Deinem Leben, Kindchen, daß ich bei all meiner Eifersucht, durch sie hindurch, über sie hinweg, mich immer unendlich freue, zu hören, daß Du frohen Mutes bist, es Dir gutgeht.

Kindchen, schimpf mich für meine Briefe nicht über Gebühr aus ...«

»Moskau, Zuchthaus zu Reading 19/1 23

Mein teures Sonnchen, liebe, süße Lili,

hat Dir gestern der dumme Ljowa irgendwas von meinen Nervchen gesagt und Dir damit (gut, wenn ja!) Kummer gemacht? Sei fröhlich! Ich will es auch sein. Alles Blödsinn und Kleinkram. Heute hörte ich, Du seist etwas düster, nicht doch, Strahlchen!

Natürlich weißt Du, daß ein gebildeter Mann ohne Dich nicht leben kann. Doch wenn dieser Mann ein winziges Zipfelchen Hoffnung hat, Dich wiederzusehen, dann kann er froh und glücklich sein. Gern würde ich Dir ein zehnmal größeres Spielzeug schenken, nur daß Du lächelst. Ich habe fünf Fetzchen von Dir und liebe sie furchtbar, nur eins verstimmt mich, das letzte – da steht bloß: ›Wolossik, danke‹, aber die anderen haben Fortsetzungen, und gerade die liebe ich so.

Ärgern Dich meine dummen Briefe auch nicht zu sehr? Wenn doch – nicht doch! Sie sind mir ein einziges Fest.

Ich reise mit Dir, schreibe mit Dir, schlafe mit Deinem Kätzchennamen und so fort.

Ich küsse Dich, sofern Du nicht fürchtest, von einem tollwütigen Hund zerrissen zu werden ...

90

Liebes, denk an mich. Küsse den Kreuzschnabel von mir. Sag ihm, er soll nicht ausbrechen – ich tue das schließlich auch nicht!«

Das Poem »Darüber« ist autobiographisch. Majakowski hat es freilich chiffriert. Im Manuskript steht: »Lilja im Bett. Lilja liegt.« Im Buch: »Sie im Bett, sie liegt.« Im Manuskript heißt die Widmung: »Lilja und mir«, im Buch – »Ihr und mir«. Er wollte vermeiden, daß das Ganze zu wörtlich genommen würde oder man die »Spiel- und Zechpartner« identifizierte.

Das Poem »Darüber« klingt an das sieben Jahre zuvor entstandene Poem »Der Mensch« an. Daher heißt ein Kapitel »Mensch hinter sieben Jahren hervor«. In »Der Mensch« hatte Majakowski seinen Krieg mit der Banalität und dem Philistertum begonnen, in »Darüber« führte er ihn fort. Nein, der Anfang liegt noch weiter zurück, schon bei der »Tragödie«. Erinnern Sie sich?

> Ich suchte sie,
> die Seele sondergleichen...
> Und habe, en passant gesagt,
> sie mal gefunden.
> Sie kam heraus
> in blauem Morgenmantel
> und sagte: »Nehmen Sie
> doch Platz! Ich hab Sie
> längst erwartet. Möchten
> Sie nicht ein Gläschen Tee?«

Schon in der »Tragödie« hatte er dem »Teetrinken« den Kampf angesagt, ihn setzte er bis zuletzt, buchstäblich bis zu seinem Tode, fort: »Ich hoffe, glaube, daß die schändliche Vernunft mich bis in alle Ewigkeit nicht einkriegt.«

Nach seinem Tod fand ich in seinem Schreibtisch in der Gendrikow-Gasse einen Stoß Briefe und einige Fotos

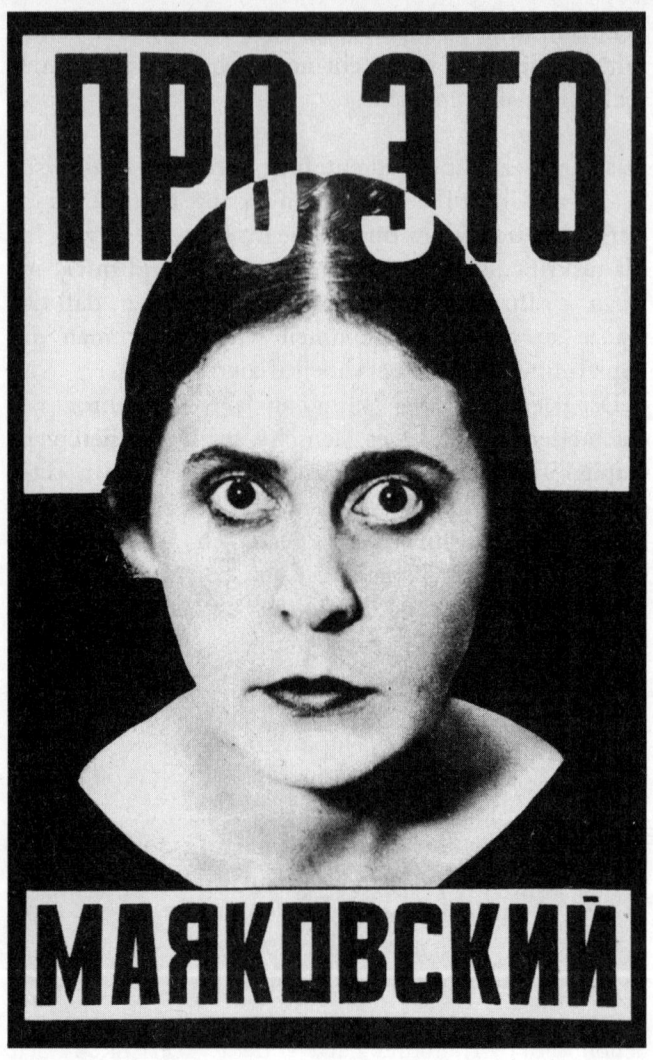

ПРО ЭТО

МАЯКОВСКИЙ

Umschlag von A. Rodtschenko zu W. Majakowskis Poem »Darüber«

von mir. Beides lag eingeschlagen in einen in der Zeit von »Darüber« an mich geschriebenen, inzwischen vergilbten Tagebuch-Brief. Davon hatte er mir nie etwas gesagt.

Einige Passagen aus diesem Brief:

»Sonngesichtchen Lilchen!

Heute ist der 1. Februar. Seit einem Monat will ich diesen Brief anfangen. Genauer – seit 35 Tagen. Das waren mindestens 500 Stunden ununterbrochenes Nachdenken!

Ich schreibe, weil ich einfach nicht länger nachdenken kann (der Kopf platzt, wenn ich es nicht ausspreche), weil jetzt, wie ich meine, sowieso alles klar ist (relativ freilich) und drittens, weil ich fürchte, mich bei unserem Wiedersehen so rasend zu freuen, daß Du das alte Zeug bekommst, das heißt, daß ich es Dir in der Verpackung von Freude und Witz andrehe. Ich schreibe diesen Brief mit großem Ernst. Ich werde nur morgens schreiben, wenn der Kopf noch rein ist, noch unberührt von der Erschöpfung, Gereiztheit und dem Grimm des Abends.

Für alle Fälle lasse ich einen breiten Rand, daß ich anmerken kann, was ich mir anders überlegt haben sollte.

Ich werde mich bemühen, alle Art ›Emotionen‹ und ›Klauseln‹ zu vermeiden.

Dieser Brief enthält nur, was ich genau erwogen und in diesen Monaten revidiert habe – nur Fakten ... Du wirst ihn lesen und ein Augenblickchen lang an mich denken. Ich bin über Dein Dasein, über alles, was Du bist, selbst wenn es in keiner Beziehung zu mir steht, so unendlich froh, daß ich nicht glauben mag, ich meinerseits sei Dir ganz unwichtig.

[...]

Was mit dem ›Alten‹ machen?

[...]

Kann ich ein anderer werden?

Es will mir nicht in den Kopf gehen, daß ich so geworden bin.

Ich, der [vor einem] Jahr sogar die Matratze, sogar das Bänkchen aus dem Zimmer geschmissen hat, ich, der dreimal solch ein ›nicht ganz normales‹ Leben wie dies jetzt geführt hat – wie konnte ich es wagen, mich *so* von der Wohnungsmotte zerfressen zu lassen.

Das soll keine Selbstrechtfertigung sein, Sonngesichtchen, es ist nur ein neues Indiz gegen mich, neues Zeugnis dafür, daß ich es war, der sich fallenließ.

Doch, Kindchen, welche Schuld ich auch trage, meine Strafe reicht für eine jede aus.

Jetzt gibt es für mich weder Einfachvergangenes noch Längstvergangenes mehr, es gibt nur ein einziges, bis auf den heutigen Tag andauerndes, unteilbares Grauen. Grauen ist kein Wort, Lilchen, sondern ein Zustand – allen Variationen von Menschenleid gäbe ich jetzt ein Bild in Fleisch und Blut ab. Ich nehme meine Strafe als verdient an. Aber ich will keine Gründe haben, ihr von neuem ausgesetzt zu werden. Das Vergangene in Hinblick auf Dich bis zum 28. Februar – existiert nicht mehr, weder in Worten, Gedanken noch Handlungen.

In keiner Weise, keiner Sekunde, keinem Falle wird wieder dieser Alltag sein! Nichts von den alten Dingen wird wieder aufkommen, *dafür* verbürge ich mich. Wenigstens das garantiere ich Dir. Wenn mir das nicht gelingt, sehe ich Dich nie wieder, selbst wenn Du mich wiedersehen und Dich mir wieder zuwenden solltest – wenn ich wieder den Beginn eines Alltags sehe, laufe ich weg (lustig für mich, so etwas jetzt zu sagen, für mich, der zwei Monate allein dafür lebte, Dich am 28. Februar um 3 Uhr zu sehen) [...].

Das Wichtigste – mein Vorsatz, durch nichts, nicht einmal einen Atemhauch, Dein Leben zu schmälern. Daß es Dir nur einen Monat, nur einen Tag ohne mich besser als mit mir geht, das ist ein guter Hieb.

So mein Wunsch, meine Hoffnung. Wie groß meine Kraft ist, weiß ich jetzt nicht. Sollte es an der lieben Kraft um ein Geringes fehlen – hilf, Kindchen. Wenn

94

ich ganz zum Lappen werde – wischt mit mir den Staub von Eurer Treppe. Mit dem alten Zeug ist Schluß.

(3. Februar 1923 1 Uhr 8)

Heute (immer am Sonntag) bin ich nicht gut drauf, noch von gestern her. Besser, ich schreibe nicht. Was mich noch bedrückt: Was den Abschluß meines Poems betrifft, habe ich Osschen irgendwie dumm geantwortet, jetzt sieht es so aus, als wollte ich ein ›Verzeihen‹ erpressen – eine blöde Situation. Ich mache das absichtlich – schließe das Poem [in diesem] Monat absichtlich nicht ab! Außerdem ist das auch wieder poetisches Alltagszeug – daraus einen besonderen Belang zu machen.* Wer von dem Poem spricht, denkt sicherlich – da hat er sich aber eine schöne Möglichkeit der Intrige einfallen lassen. Ein alter Trick! Verzeih, Lilchen – wohl aus schlechter Laune bin ich auf das Poem gekommen.

[...]

(4.2.)

Heute bin ich sehr ›guter‹ Laune. Vorgestern dachte ich noch, schlimmer kann es nicht werden. Gestern habe ich gesehen, daß es noch schlimmer sein kann – also ist es vorgestern nicht ganz so schlecht gewesen.

Ein Gutes bei alledem: die letzten Zeilen, mir bis gestern ein Rätsel, sind fest und unumstößlich geworden.

Über mein Sitzen.

Bis auf den heutigen Tag sitze ich minutiös ehrlich, ich weiß, so werde ich bis 3 Uhr des 28. sitzen. Warum ich sitze? Weil ich liebe? Weil ich *mich verpflichtet* habe? Wegen Beziehungen?

Keinesfalls!!!

Ich sitze, weil ich es will, weil ich über mich und mein Leben nachdenken will.

Selbst wenn es anders wäre, ich will und werde glauben, daß es so und nicht anders ist. Sonst hätte das alles weder einen Namen noch eine Rechtfertigung.

---

*Er wußte, daß ich seinen Gedichten nicht widerstehen konnte! (L. B.)

L. Brik. Fotomontage von A. Rodtschenko

96

Nur in diesem Glauben kann ich Dir, ohne mich zu verzerren, schreiben, daß ich ›mit Vergnügen sitze‹ usw.

Kann man überhaupt so leben?

Man kann, aber nicht lange. Wer allein diese 39 Tage so zugebracht hat, darf sich kühn das Zeugnis seiner Unsterblichkeit ausstellen lassen.

Darum kann ich zur Gestaltung meines künftigen Lebens auf der Basis dieser Erfahrungen noch nichts aussagen. Keinen dieser 39 Tage werde ich in meinem Leben wiederholen.

Sprechen kann ich nur von den Gedanken, Überzeugungen und Annahmen, die sich bis zum 28. bei mir formieren, um den Punkt zu bilden, von dem alles andere ausgeht, einen Punkt, von dem aus ich soviel Linien ziehen kann, wie ich Lust habe und wie ich will. Wenn Du mich vorher nicht gekannt hättest, wäre dieser Brief überflüssig, würde sich alles durchs Leben entscheiden. Weil sich aber, wie Du findest, bei unserem einstigen Gepaddel Millionen Krebse an mich gehängt haben – Gewohnheiten und sonst[iger] Unrat –, brauchst Du außer meinem Namen bei einer Empfehlung noch diesen Wegweiser.

Nun davon, was geschafft wurde.

Liebe ich Dich? (5.2.23)

Ich liebe, liebe Dich, allem zum Trotz und allem zum Dank, ich habe Dich geliebt, liebe Dich und werde Dich lieben, gleich, ob Du grob oder zart zu mir bist, mir oder einem andern gehörst. Ganz gleich – ich liebe Dich. Amen. Komisch, es aufzuschreiben, weil Du es weißt.

Ich wollte hier furchtbar viel schreiben. Habe extra einen Tag pausiert, um noch mal genau zu überlegen.

Aber heute morgen ist mir, als ginge Dich das alles nichts an – ein unerträgliches Gefühl.

Nur weil ich für mich Protokoll führen wollte, sind diese Zeilen entstanden.

Ich glaube kaum, daß Du das hier jemals lesen wirst. Mit mir selbst muß ich aber nicht lange polemisieren.

Wie schwer, daß gerade um die Tage, wo ich gern stark für Dich wäre, dieser unendliche Schmerz auch am Morgen da ist. Wenn ich gar nicht mehr weiterkann, höre ich mit dem Schreiben auf.

(6.2.23)

[...] Noch mal von meiner Liebe. Von meiner vermaledeiten Tätigkeit. Schöpft die Liebe alles für mich aus? Alles, nur anders. Liebe ist Leben, das Wesen. Aus ihr entwickeln sich die Gedichte, die Taten und alles andere. Die Liebe ist von allem das Herz. Wenn es zu arbeiten aufhört, stirbt alles andere ab, wird unnütz, sinnlos. Wenn es aber arbeitet, wird dies überall zum Ausdruck kommen. Ohne Dich (nicht ohne Dich ›auf Reisen‹, innerlich ohne Dich) höre – ich auf. So war es immer, so ist es auch jetzt. Doch ohne ›Tätigkeit‹ bin ich tot. Bedeutet das aber, daß ich so oder so sein kann, nur um mich an Dich ›zu klammern‹? Nein. Eine Situation wie die, von der Du beim Abschied sagtest: ›Was tun? Ich bin keine Heilige, ich finde ›Teetrinken‹ schön‹ – so was ist bei Liebe absolut ausgeschlossen.

[...]

Ich werde nur tun, was meinem Wünschen und Wollen entspringt.

Ich fahre nach Pieter.

Ich verreise, weil ich zwei Monate gearbeitet habe und erschöpft bin, ich will mich erholen und zerstreuen.

Die überraschende Freude dabei – dies entspricht auch dem Reisewunsch einer Frau, die mir furchtbar gefällt. Ob zwischen uns etwas sein kann? Kaum. Überhaupt ist sie viel zu unaufmerksam zu mir. Aber ich bin ja auch keine Kleinigkeit – ich werde ihr zu gefallen versuchen.

Wenn aber doch, was dann? Man wird sehen. Ich hörte, diese Frau kriegt alles schnell über, Scharen Verliebter leiden um sie, einer hat kürzlich fast den Vertand verloren. Vor solchem Zustand muß ich mich hüten.

Damit meine Hand im Spiel bleibt, lege ich von vornherein die Rückreise fest (Du wirst denken, egal, womit

98

sich das Kind tröstet, Hauptsache, es weint nicht, was soll's, ich fange damit aber an). Am Fünften bin ich wieder in Moskau, ich mache alles so, daß es gar nicht anders geht, als am Fünften wieder in Moskau zu sein. Du wirst das verstehen, Kindchen. (8.2.23)

[...]

Liebst Du mich?

Für Dich eine seltsame Frage wahrscheinlich. Daß Du liebst, ist klar. Aber liebst Du mich? Und liebst Du mich so, daß ich es ständig fühlen kann?

Nein. Das habe ich Ossja schon gesagt. Deine Liebe ist nicht Liebe zu mir, sondern Liebe überhaupt, zu allem. In ihr habe auch ich einen Platz (vielleicht sogar einen großen), wenn ich aber sterbe, scheide ich wie ein Stein aus dem Bach aus, und Deine Liebe fließt über alle anderen hin. Ist das schlecht? Nein, für Dich ist es gut, so würde ich gern lieben.

[...]

Kindchen, Du liest das und denkst – alles falsch, er hat nichts begriffen. Strahlchen, selbst wenn es anders wäre, so wird es jedenfalls von mir *empfunden*. Gewiß, Kindchen, Du hast mir Petersburg geschickt, aber wie konntest Du nicht bedenken, Kindchen, daß dies ein halber Tag Haftverlängerung ist! Überleg doch, man ist zwei Monate auf Reisen, braucht zwei Wochen für die Rückfahrt – und muß einen halben Tag auf das Einfahrtssignal warten!

[...]

14.2.23

Lilja-Kind – all das schreibe ich Dir nicht zum Vorwurf, sollte es anders sein, liebend gern würde ich alles noch mal umdenken. Ich schreibe, damit es Dir klarwird und – damit Du ein wenig an mich denkst.

Wenn ich nicht ein wenig ›Leichtigkeit‹ bekomme, bin ich für keine Art Leben mehr tauglich. Dann kann ich nur sitzen, wie jetzt, und mit einer sonderbaren physischen Mühe meine Liebe beteuern. [...]

Ideale Ehen gibt es nicht, alle Ehen platzen. Aber vielleicht – ideale Liebe. Und Liebe läßt sich nicht abstellen durch ein ›Muß‹ oder ein ›Unmöglich‹ – nur durch den freien Wettstreit mit der ganzen Welt.

Ich will dieses ›*muß* kommen‹ nicht!

Ich liebe es unendlich, wenn ich nicht kommen *muß*, um unter Deinen Fenstern zu lungern oder zu warten und wenigstens einen Härchenschimmer von Dir hinter der Autoscheibe zu erhaschen. [...]«

Der Dichterberuf ist ein gefährlicher Beruf. Er pumpt die Seele aus und das Herz und die Nerven!

Oft muß ich an eine Sentenz von Brik denken: Reich ist nicht, wer viel, und arm nicht, wer wenig Geld hat. Der Reiche hat mehr Geld, als er braucht (er braucht drei Rubel und hat fünf), und der Arme – weniger, als er braucht (er hat drei Tausender und braucht zehn).

Und bei Brik ist nachzulesen:

»Majakowski versteht unter Liebe dies: Wenn du mich liebst, heißt das – du gehörst mir, bist mit mir, bist für mich, immer, überall, unter allen Umständen. Du kannst nicht gegen mich sein, niemals, egal, ob ich im Unrecht, egal, wie ungerecht oder verletzend ich bin. Du wirst immer für mich stimmen. Jede noch so kleine Abweichung oder Schwankung ist Verrat. Deine Liebe muß unumstößlich sein wie ein keine Ausnahme kennendes Naturgesetz. Ausgeschlossen, daß ich auf die Sonne warte, die Sonne aber nicht aufgeht. Ausgeschlossen, daß ich mich nach einer Blume bücke und die Blume wegläuft. Ausgeschlossen, daß ich eine Birke umarme und die Birke sagt: Laß mich.

Seiner Auffassung nach ist Liebe kein Willensakt, sondern ein Zustand des Organismus, wie Gewicht oder die Schwerkraft.

Hat es Frauen gegeben, die ihn so liebten? Ja. Hat er sie geliebt? Nein! Er nahm sie zur Kenntnis. Hat er selbst so geliebt? Ja, aber er war genial. Seine Genialität hat alle Schwerkraft überwogen. Wenn er Gedichte sprach, hob sich die Erde, um besser zu hören. Freilich, hätte er auf einem für Gedichte unempfindlichen Planeten gelebt ... Aber so war es nun einmal nicht!«

In der Tat, so war es nicht. Doch er redete sich das Gegenteil ein – um *darüber* zu schreiben, um sich selbst ins Gefängnis zu sperren, der »schändlichen Vernunft« zu widerstehen.

Majakowski war einsam, ja, doch war er dies nicht, weil er keine Liebe, keine Anerkennung gefunden oder keine Freunde gehabt hätte. Man druckte ihn, las ihn, hörte ihm in hellen Scharen zu. Zahllos die Leute, die auf ihn schworen, ihn liebten. Aber das alles war für ihn wie ein Tropfen auf den heißen Stein, für ihn, in dessen »Seele ein unersättlicher Räuber« saß, der von denen, die ihn nicht lasen, gelesen, von denen, die ihn nicht beachteten, beachtet, von denen, die ihn angeblich nicht liebten, geliebt sein wollte.

Da kann man nichts machen!

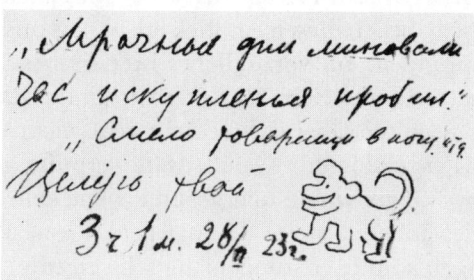

»Ewig der Sklav'rei ein Ende, heilig die letzte Schlacht!«
»Brüder zur Sonne zur Freiheit usw.« Es küßt Dich dein ...
3.01 Uhr, 28/II 23

Um 3 Uhr des 28. Februar lief unsere Trennungszeit aus, um 8 Uhr abends ging unser Zug.

Als ich zum Zug kam, konnte ich Majakowski auf dem Bahnsteig nicht finden. Er stand auf dem Trittbrett unseres Abteils.

Als sich der Zug in Bewegung gesetzt hatte, sah er mich zärtlich und forschend an, lehnte sich an die Tür und trug mir sein Poem »Darüber« vor. Dann weinte er erleichtert ...

Oft in diesen zwei Monaten hatte ich mir Vorwürfe gemacht, weil er unter der Einsamkeit litt, ich aber weiterlebte wie vorher, mich mit Bekannten traf, ausging. Jetzt war ich froh. Das Poem wäre nicht entstanden, hätte ich nicht in Majakowski mein Ideal und ein Menschheitsideal sehen wollen. Das mag übertrieben klingen, aber so war es.

Liebe, Eifersucht, Freundschaft waren in Majakowski ins Hyperbolische gesteigert, aber Gespräche darüber mochte er nicht. Er dichtete immer, unentwegt, und in seine Dichtungen flossen seine Empfindungen unvermindert ein.

Hätte er, sagen wir, irgendwelchen Mädchen beim Spaziergang am Meer großartig erzählt: So und so sah der Dampfer »Theodor Nette« aus, als er im Hafen einlief, so und so habe ich diesen Anblick erlebt, das und das dabei empfunden, ein vorzügliches literarisches Thema!, dann hätte er vielleicht als unterhaltsamer Gesprächspartner gegolten, aber das Gedicht wäre nicht entstanden, das es auslösende Gefühl wäre verpufft gewesen. Majakowski war witzig und geistreich wie kein zweiter, aber alles andere als ein »Gesprächspartner«. Bei Spaziergängen konnte er stundenlang schweigen.

Thema seiner Gedichte waren fast immer seine eigenen Empfindungen. Das gilt selbst für Gedichte wie »Nur bei Mosselprom«. Nicht nur, daß er andere dazu agitierte, auch selbst kaufte er nicht bei Einzelhändlern. Viele seiner Gedichte »aus Anlaß« sind bis heute lebendig, wir lesen sie mit Vergnügen oder Trauer, je nach Art des »Anlasses«.

Lediglich das Wort zu ergreifen, sich lediglich zu äußern, auch wenn im Vers, genügte Majakowski nicht.

Er wollte überzeugen. Wenn er meinte, es nicht geschafft zu haben, verdüsterte er sich und verfiel in mißmutiges Schweigen. Wenn man nach seinem Vortrag, ohne sich mit längeren Debatten aufzuhalten, zu Abend essen ging oder sich dem Tee zuwandte, wurde er schwärzer als eine Gewitterwolke.

Es heißt immer, als er jung war, habe er kompliziert geschrieben, mit den Jahren sei er »immer einfacher« geworden. Das stimmt nur halb. Er wußte, daß die vielbeschworene »Einfachheit« keine Errungenschaft, sondern Banalität war. Und nichts fürchtete er mehr als Banalität. Mit gewissen »Vereinfachern« und »Verkomplizierern« der Poesie lag er sein Leben lang in Fehde.

Ein junger Dichter las ihm seine neuesten Gedichte vor, gute Gedichte. Majakowski mochte ihn. Er hörte aufmerksam zu, sagte dann aber gereizt: »Diese Tricks habe ich einfach satt. So kann man nicht mehr schreiben, ich mache das jetzt anders, schreibe wie keiner vorher, daß was ganz Neues rauskommt.« Diese Bemerkung habe ich mir damals notiert, sie fiel am 9. September 1929.

1932 sah ich in Berlin einen alten amerikanischen Tonfilm. Auf deutsch heißt er »Das Mädel aus Havanna«. Bertolt Brecht hatte ihn mir empfohlen. Als ich wieder in Moskau war und immer von neuem Majakowskis Manuskripte durchsah, stieß ich auf eine Notiz, mit der ich vorher nichts anfangen konnte. Sie war eindeutig der Inhalt dieses Films. Ein außergewöhnliches Faktum. Außer Verszeilen, die ihm eingefallen waren, und Adressen und Telefonnummern hat sich Majakowski grundsätzlich nichts notiert.

Hier die Notiz:

»Schlägerei
Gefängnis } stürmische Jugend.
Braut

Exzentrische Art der Bekanntschaft.
Skandal bei der Polizei.

Mädchen rennt weg.

Exotische Liebe (mit Beischlaf?).

Wird zurückbeordert – sonst Deserteur.

Schmerzlicher Abschied.

Solides Leben – Ehefrau.

Das Lied – jähe Erinnerung.

Trinkt. Hält es nicht mehr aus.

Läuft zum Hafen (Rückkehr der Jugend), fährt los.

Für die bürgerliche Ideologie ist das Mädchen gestorben.

Findet seinen Sohn.

Glückliches Ende.

Eigentlich müßte er seine Frau sitzenlassen und mit dem am Leben gebliebenen Mädchen zurückkommen.«

Der Inhalt ist ziemlich simpel. Ein junger Matrose wird, kurz bevor sein Schiff nach Havanna ausläuft, wegen einer Schlägerei aufs Polizeirevier gebracht. Seine Braut, die er nach seiner Rückkehr heiraten will, kommt sich von ihm verabschieden. In Havanna fährt er mit seinem Ford versehentlich einen mit Nüssen beladenen Eselskarren an, auf dem ein Mädchen, die Nußhändlerin, steht und singt, um Kunden anzulocken. Der Karren kippt um. Das Mädchen macht Krawall, schleppt ihn zur Polizei und läuft weg. Er sucht sie, und es entspinnt sich zwischen ihnen eine leidenschaftliche Romanze. Exotische Natur, ein Bach im Wald. Doch der Matrose muß in die Heimat zurück, sonst gilt er als Deserteur. »Schmerzlicher Abschied.« Er fährt heim. Zu Hause: »Solides Leben – Ehefrau.« Es vergehen mehrere Jahre. In einer Spelunke hört er das Lied des Mädchens von Havanna wieder. »Jähe Erinnerung.« Er läuft zum Hafen (»Rückkehr der Jugend«) und nimmt das erstbeste Schiff nach Havanna. Dort erfährt er, daß das Mädchen vor kurzem gestorben ist, aber einen Sohn (ihren und seinen) hinterlassen hat. Er sucht ihn und nimmt ihn zu seiner Frau mit, die ihm verzeiht und den Jungen annimmt.

Warum war Majakowski von diesem Film beeindruckt? Der Film ist mit höchster Meisterschaft ge-

V. Gert, S. Eisenstein und L. Brik in Berlin, 1928

macht, ohne daß man sieht, *wie.* Die künstlerischen Mittel sind so fein, daß man sie gar nicht bemerkt. Jede Einstellung, jeder Schnitt, jede Bewegung, jeder Laut sind so außerordentlich gut, daß man keinerlei Technik spürt. Man spürt weder den Regisseur, den Ausstatter, den Kameramann noch den Darsteller. Man wohnt einem fremden Leben bei, ist von ihm gepackt. Der Film zwingt, alles so zu erleben, wie seine Autoren es wollen, ohne daß einem das mindeste aufgedrängt, auf irgendwas mit dem Finger hingewiesen wird. Der Zuschauer würde nicht auf die Idee kommen, zu sagen: »Hervorragend, die Aufnahme am Bach« oder: »Die Schauspielerin in der Abschiedsszene – einfach perfekt!« Nein, am Bach im Wald ist ihm angenehm kühl, fühlt er sich wohl, beim Abschied leidet er so mit, daß er lange daran zurückdenken muß. Dennoch gibt es da keine Spur Naturalismus – kein schmerzverzerrtes, von Glyzerintränen nasses Schauspielergesicht in Großaufnahme oder dergleichen. Der Film ähnelt unserem »Tschapajew« – den Majakowski nicht mehr gesehen hat – und den heutigen Filmen aus Italien. Von der gleichen Art sind auch Majakowskis letzte Gedichte.

Seit Jahren frage ich Fachleute über diesen Film aus. Alle meinen – ausgeschlossen, daß Majakowski ihn gesehen hat, er kam erst nach seinem Tode heraus. Aber ich werde weiterfahnden. Ob er ein Buch gelesen oder ein Stück oder eine Operette gesehen hat mit dieser Fabel? Unwahrscheinlich. Die Fabel ist eigentlich nicht interessant genug, um Majakowskis Aufmerksamkeit zu erregen. Nicht das Drehbuch ist hier der Angelpunkt, sondern die *Machart*. Ich habe mir den Film mehrmals angesehen. Fühlte mich von ihm angezogen wie von einem echten Kunstwerk.

Vor kurzem sah ich ihn noch mal in unserer Filmothek. Heute würde er wohl keinen Hund hinterm Ofen mehr vorlocken. Die Filmtechnik ist inzwischen ein ganzes Stück weiter. Aber damals fanden ihn sowohl ich, Brecht und seine Freunde als auch Boris Bernet, der gerade ebenfalls in Berlin war, einfach erstaunlich. Daß er erst nach Majakowskis Tod abgeschlossen wurde, erkennt man übrigens an einer Aufnahme, in der ein Kalender von 1931 zu sehen ist.

Möglicherweise stimmt Wassili Katanjans Vermutung, daß man Majakowski den Filminhalt erzählt hat und die Dialoge in Auftrag geben wollte. Um diese Zeit entstand auch sein Libretto »Das Ideal und die Decke«. Es ist bekannt, daß er in Paris Kontakte zu Filmleuten hatte.

Doch zurück zu Majakowskis angeblicher »Einfachheit« oder »Kompliziertheit«. Erst schimpften die Philister, er schreibe unverständlich, dann rieben sie sich schadenfroh die Hände, weil er angeblich die Suche nach neuen Formen zugunsten der »guten alten Jamben« aufgegeben hatte.

Weder das eine noch das andere trifft zu.

Majakowskis »Unverständlichkeit« ist das bei jeder Rekonstruktion entstehende scheinbare Chaos. Der Ochotny rjad wurde aufgebaggert, und die Passanten fanden sich nicht mehr zurecht, fanden nicht mehr auf den Twerskoi-Boulevard hinaus. Inzwischen haben sie sich an die Gorki-Straße gewöhnt, als hätte sie schon immer so geheißen.

Majakowski ließ es gewissermaßen beim Ochotny rjad nicht bewenden, er zog den Kreis weiter – versetzte die Häuser, baute die Gassen so radikal um, daß die alten Zentralstraßen wie Gassen aussahen. Erst entrüsteten sich die Philister: »Frechheit! Unser Mütterchen Poesie ist nicht wiederzuerkennen!«, dann schickten sie sich darein. Doch da kam Majakowski mit seiner nächsten neuen Ordnung. Die Philister, die sich gerade mit Ach und Krach an das andere gewöhnt hatten, wetzten von neuem die Zungen – er sei reumütig zum klassischen Vers zurückgekehrt, habe kapituliert –, übersahen aber dabei, daß da kein »guter alter Jambus« war, sondern eine neue hohe Stufe der Meisterschaft, der man keinerlei Arbeitsmühe mehr anmerkte.

Da meint nun der in Jamben schreibende junge Dichter, ein Suchen nach Neuem sei Unsinn. Hat Majakowski nicht gesucht und gesucht und ist er schließlich nicht auch auf das Alte gekommen? Fange man also an, wo Majakowski angelangt ist – man lege in die von Majakowski amnestierte alte Form einen neuzeitlichen Inhalt, und man hat den neuen Vers. Ein Irrtum, denn man hat keinen Vers, sondern irgendein »Reim-dich-oder-friß-dich«, etwas Laues, Blutarmes, das keinen überzeugt und allen längst bekannt ist.

Fremde Verse pflegte Majakowski auf Schritt und Tritt und aus verschiedenstem Anlaß zu zitieren. Die einen, weil sie ihm besonders gefielen (Lermontows »Stelldichein«, Blocks »Unbekannte«, Chlebnikows »Auf der Insel Esele«, Swetlows »Grenada«, sehr, sehr oft Pasternak), die anderen, um sich über sie lustig zu machen. Manche führte er in der Polemik als Beispiele an, wie man Verse machen soll und wie nicht.

Aber meistens untermalte er mit ihnen seine augenblickliche Stimmung. Seine Steckenpferde wechselten dabei mit der Zeit, doch auf Bestimmtes griff er immer wieder zurück, so auf »Die Unbekannte« oder vieles von Pasternak.

Warum weiß ich noch so genau, was Majakowski bei welcher Gelegenheit zitierte? Das meiste weiß ich ohnehin noch, aber manches habe ich aus der verschütteten Erinnerung wieder heraufgeholt, als ich über Majakowskis Verhältnis zu fremden Versen zu schreiben begann. Da nahm ich mir alle Dichter, die Majakowski im Munde geführt hatte, noch mal vor, las sie von A bis Z und stieß dabei auf die entsprechenden mir vertrauten Gedichte, Strophen oder Zeilen.

Oft konnte man sich nach dem, was er ewig und unendlich wiederholte, denken, was ihn gerade beschäftigte. Wenn er von früh bis spät – beim Essen, beim Spazierengehen, beim Kartenspiel oder mitten in einem Gespräch – murmelte:

> Ich weiß, wie er getröstet war,
> Als gestern ungeniert
> Wie ein Besessner der Tatar
> Nach Hause galoppiert.*
> *(Lermontow, »Stelldichein«)*

– wußte ich, daß er eifersüchtig war.

Genauso, wenn er zur Melodie irgendeines Gassenhauers seinen eigenen Vierzeiler trällerte:

> Der Liebe und die Liebe,
> zwei Liebe, die sich lieben.
> Die Liebe hat den Lieben
> ins liebe Grab getrieben.

---

* Deutsch von Annemarie Bostroem

Man konnte sicher sein, daß er gekränkt war, wenn er
sagte:

> So viele Bitten hat die Geliebte,
> Die nicht mehr Geliebte hat keine mehr...
> *(Achmatowa)*

Natürlich war er verliebt, wenn er sich zum Trost sagte:

> ... O warte,
> Das kann einem jeden geschehen!
> *(Pasternak, »Mit ruhenden Rudern«)*

Oder wenn er säuselte:

> Erzähle, wie du geküßt wirst,
> Erzähle, wie küssest du.
> *(Achmatowa, »Der Gast«)*

Gern hörte er Brik vorlesen, und so verbrachten wir manche Nacht bei gemeinsamem Gedichtelesen – Puschkin,
Block, Nekrassow, Lermontow, alles hintereinander.

Danach wirbelte ihm das Gehörte im Kopf herum,
sprach er immer wieder dies und das vor sich hin.

> Drum muß, so hilflos ich verderbe,
> Soll nicht zu früh mein Hauch vergehn,
> Mir jeder Morgen, eh ich sterbe,
> Gewißheit schenken, Sie zu sehn...*
> *(Puschkin, »Eugen Onegin«)*

Diese Zeilen haben freilich sein Leben lang seinem see-
lischen Befinden entsprochen.

Als wir uns 1915 kennenlernten, verehrte er niemanden
so sehr wie Block. Viel Eigenes hatte er noch nicht ge-

---

* Deutsch von Theodor Commichau

schrieben. Die »Wolke«, eben abgeschlossen, las er allen Bekannten vor und verfiel spornstreichs wieder auf Block.

Alle lasen und deklamierten wir damals Block, so daß ich nicht genau sagen kann, was Majakowski im einzelnen bevorzugte. Jedenfalls, bei der »Unbekannten« sagte er immer statt »ohne Begleiter – allein«: »unter den Säufern allein« und bestand darauf: das passe viel besser, »allein« sei sonst überflüssig, außerdem spiele das Ganze in einer Spelunke, also unter Säufern. Wenn Gäste sich verabschiedet hatten und gegangen waren, brummte er: »... und versanken in Ozean und Nacht« oder: »Nie werde ich ihn vergessen (war dieser Abend, war nicht?)«. Ernsthafte Erörterungen über Gott, Christus und die Engel konnte er nicht ausstehen, und die letzten beiden Zeilen des Blockschen Poems »Die Zwölf«, wo es heißt, voran gehe Jesus Christus »im Kranz aus weißen Rosen«, wandelte er ständig ab: »Und im Kranz aus weißen Röschen, Lunatscharski, Narkompröschen«, »Und im Kranz aus weißen Röschen, leisen Tritts Abram Efröschen« usw.

Wenn er verliebt war, kamen ihm unweigerlich Achmatowa-Verse in den Sinn. Da leierte er manchmal lyrischste, innigste Zeilen zu einer ganz unpassenden Melodie, was jedoch nicht besagte, daß er sich über die Verse lustig machte – Achmatowa schätzte er sehr –, sondern nur anzeigte, daß er seinen überschwenglichen Gefühlen einen ironischen Dämpfer aufsetzen wollte. Strophen aus »Spazierfahrt« hörten sich bei ihm dann ungefähr so an:

Die Feder streifte das Tuch des Verdääcks.
Und ich sah seine Augen im ernsten Gesiiecht.
Mein Herz erschrak, doch den Grund dieses Schrääcks
Und der Trauer dann wußte es niiecht.

[...]

Benzingeruch und der Duft von Jasmiien,
Und die Stille um uns, wie ein Bogen gespaannt.
Und von neuem regt sich auf meinen Kniien
Seine nahzu nicht bebende Haand.

Sehr oft hörte ich von ihm:

Ich hab nur dies eine Lächeln –
Die kaum hörbare Regung des Munds.

– wobei er aus Achmatowas »kaum merkliche« ein
»kaum hörbare« machte.

Wenn wir Wein tranken, erklärte er »mit Achmatowa«, nur die Geschlechter des Redenden und Angere-
deten vertauschend:

Geh mir, mit dir trink ich keinen Wein,
Weil du keck wie eine bist,
Die sich, Liebe schwörend Stein auf Bein,
Unterm Mond mit jedem küßt.

Als er noch allein wohnte, empfing er mich, wenn ich zu
Besuch kam, mit den Worten:

Bin dem Dichter Gast geworden.
Es ist Mittag. Es ist Sonntag.*

Zu dieser Zeit beschäftigte sich Majakowski mit Achmatowa besonders viel.

Bei seinen Lesungen führte er oft lakonische, wort-
spielerische Verse von Chlebnikow als Beispiele einer
mustergültigen Sprachform an.

Majakowski liebte das Wort als solches, als Material.
Merkwürdigste, unsinnigste Wortkombinationen konnten ihn allein wegen ihres Klangs hell entzücken. Das

---

* Deutsch von Sarah Kirsch

Wort war für ihn dasselbe wie für den Maler die Farbe – die Farbe an sich, noch auf der Palette.

Ein geradezu teuflisches Vergnügen hatte er daran, wohlartikuliert Sewerjanin-Verse zu sprechen und sie damit fast ins Absurde zu ziehen.

Manches von Sewerjanin benutzte er gewissermaßen als Wurfgeschoß für die jeweilige Zielscheibe seines Spotts, die er übrigens nicht selten selber war. Wenn ihm auf der Straße eine gar zu »erlesene« Dame begegnete, trällerte er:

> In Schwarz ganz, ganz Sterlet, ganz – Pfeil ...
> *(»Müßiggängerin des Südens«)*

1915/16 hatte er eine »Sascha-Tschorny-Phase«. Von Sascha Tschorny wußte er fast alles auswendig, er hielt große Stücke auf ihn. Am häufigsten deklamierte er »Der Sucher« und »Kleiner Umstand«. Mit oder ohne Grund konnte er in ein Gespräch einflechten:

> Es lebte mal ein Anarchist,
> Der hatte 'nen gefärbten Bart,
> 'nen deutschen Schatz bei Petrograd
> Und war zu allem noch Sadist.
> *(»Der Anarchist«)*

Hatte ihn jemand in der Straßenbahn angerempelt, so ließ er ihn wissen:

> Jemand hat mich rechts beglückt –
> Sich mir auf den Arm gesetzt.
> *(»Auf der Galerie«)*

In einem Gespräch mit einem Kunstbanausen erklärte Majakowski:

> Die Vasen, lieber Theophil,
> Sind reiner frühionischer Stil.
> *(»Stilisten«)*

Erzählte er von irgendeinem turbulenten Vorfall, so schloß er mit:

Alles lief zusammen. Ich lief auch.
Mordio schrie alles. Ich schrie auch.
(*»Kulturarbeit«*)

Der Satiriker Majakowski hat bei Sascha Tschorny viel gelernt.

Anzügliche Erotik mochte er nicht, so was las er weder, noch versuchte er je zu schreiben.

Oft deklamierte er fremde Verse auf der Straße, im Gehen.

1915/16 waren dies meistens solche, die er und Burljuk »wilde Lieder unserer Heimat« nannten. Wir sangen sie zusammen und marschierten dazu im Takt.

Burljuks Verse etwa (nach der Melodie von »Lange Jahre, lange Jahre, rechtgläubiger russischer Zar«):

Furchtbar gerne fraß er Fliegen
Mit recht fettem Hinterteil
Und besang dies Freßvergnügen
Mit den Freunden alleweil.

Oder:

Schlachtet alle klugen Kälber,
Kälber stilln den Appetit.

Achmatowas »Grauäugiger König« wurde nach der Melodie von »Fuhr ein waghalsiger Kaufmann« gesungen:

Ruhm dir, ewigwährender Schmerz!
Der grauäugige König ist nicht mehr...*

Wenn Majakowski dies sang, wußten wir, daß er ein wenig verliebt war.

---

* Deutsch von Sarah Kirsch

113

Bei ihrem schon erwähnten Besuch in Petrograd trugen Pasternak und Assejew Gedichte von sich vor, die Majakowski mit viel Beifall bedachte und dann in »Genommen« aufnahm.

Oft deklamierte er in Pasternaks Tonfall:

In der Stadt, die kein Fuß je betreten hat, die
Hexen und Schneebräute nur betraten,
Liegen Schneewehen, aufgewölbt, bleich und starr wie
Opfer mittnächtlicher Grauenstaten.

(»Schneesturm«)

Majakowski drückte vieles, was er fühlte, mit Versen aus. Trauer, Zorn, Ärger, Freude – für alles drängten sich ihm Verszeilen auf. Einige Jahre ging ihm nichts über Pasternak. Er nannte ihn einen sagenhaften Dichter »von Übersee«, war von seinem geheimnisvollen Wesen fasziniert, richtiggehend in ihn verliebt und wußte fast alles von ihm auswendig. Was er von ihm alles zitierte, ist kaum aufzuzählen, am häufigsten wohl »Über den Barrieren«, »Themen und Variationen« und »Meine Schwester – das Leben«, dann noch »In Erinnerung an den Dämon«, »Über diese Verse«, »Die Stellvertreterin«, »Die Steppe«, »Für Jelena« und »Improvisation«.

In dem Gedicht »Du Zweig im Wind, der die Zweige testet« liebte er anscheinend besonders die Zeilen:

Die Tropfen werden wie Knöpfe schwer.
Der Garten erlischt zum Schemen –
Ein Fluß, erblindend am Himmelsheer
Zerprasselnder blauer Tränen.

Das Gedicht »Nicht berühren« deklamierte er meistens ganz, wobei er die Strophe:

»Halt! Frisch gestrichen« – unbekannt
Dem Herzen Vorsicht war.

Erinnerung nun von Aug, Wang, Hand
Gefleckt, vom Lippenpaar.*

hervorhob, indem er sie zu einer Melodie sang, zu derselben übrigens, wie aus dem rhythmisch genauso ge-
stalteten Gedicht die Strophe:

Geschlagner Homo sapiens, ach,
Des Existierens Last!
Zehn Jahre hintern Gürtel steckt
Ein einziges weg, wie das.

Oft murmelte er erschrocken:

Schreckliches erzählten sie,
Nannten die Adresse...

und gleich darauf, im Brustton der Überzeugung:

Stille, o du Bestes, was
Wir zu hören kriegen.
Manchen grämt und graust es, daß
Manche Mäuse fliegen.
                        (»Sterne im Sommer«)

Mit Vorliebe deklamierte er auch das Gedicht »Geliebte
– du Abgrund!«, die ersten beiden Strophen schienen
ihm aus der Seele zu sprechen.

Geliebte – du Abgrund! Falls** liebt der
Poet,
Ein Gott ist er, furiengehetzt.
Das Chaos, aus Höhlen hervor, aufersteht
Und breitet sich aus, hier und jetzt.

---

* Deutsch von Johannes Bobrowski
** Statt »Wenn« (L. B.)

Von Nebelfluten tränt ihm der Blick,
Im Dunst als ein Mammut er steht,
So ganz aus der Mode: zur Urzeit zurück
Möcht höchstens ein Analphabet.*

Wenn er verdrossen, die Welt ihm verleidet war, knurrte Majakowski:

Lieber schlafen, schlafen, schlafen, schlafen,
Ewig, ohne Traum.

(»Das Ende«)

War er zärtlich gestimmt, so fiel ihm meistens der Schluß des vierten Gedichts von »Wintermorgen« ein:

Wo auch du, mein Herzensbitter,
In Glacé und Seal gepuppt,
In Galoschen trippel-schlitternd,
Winkst im Muffmeer mit dem Muff.

Aus dem Zyklus »Bruch« zitierte er gern die ersten zwei Gedichte ganz, vom dritten die Strophe:

Wird heute die verfluchte Stadt mich schonen?
Ach, wüßten Sie, wie es den Brustkorb sprengt,
Wenn täglich hundertmal, wo Sie nicht wohnen,
Die Straße Sie an Ähnlichkeiten fängt!*

und vom neunten die letzten Zeilen:

Ich laß dich. Geh – dein Wohltätigsein ruft
(Der Werther ist geschrieben) – nun zu andern.
Den Tod bringt unserntages schon die Luft:
Das Fenster öffnend, öffnet man die Adern.

Eine Zeit beteuerte er mir fast täglich:

---

* Deutsch von Johannes Bobrowski

116

Ich schleppte dich in mir,* vom Fuß bis zum Scheitel.
Ich wußte dich auswendig wie ein Tragöde
Vom Kleinstadttheater ein Drama von Shakespeare.
Ich lief durch die Stadt, dich für mich repetierend.**

(»Marburg«)

Ich glaube, er bedauerte, daß er diese vier Zeilen nicht
selbst geschrieben hatte, so sehr gefielen sie ihm, so sehr
fühlte er sich durch sie ausgedrückt.

Man könnte hier den ganzen Pasternak anführen, fast
alle seine Gedichte sind für mich Wiederbegegnungen
mit Majakowski.

In seinem »Buch für Erwachsene« hat Ilja Ehrenburg
auch seine Erinnerungen an Majakowski festgehalten,
sie sind nur kurz, aber sehr genau und bezeichnend. Bei
seinem letzten Besuch in Paris habe Majakowski »finster
in einer kleinen Bar bei einer Flasche Whisky ›White
Horse‹« gesessen und fortwährend gemurmelt:

Prima, dieses Pferd – White Horse:
Weiße Mähne, weißer Schwanz.

Wenn er außer sich war, so berichtet Ehrenburg weiter,
sagte er Villons Verse her:

Ich bin Franzose, was mich bitter kränkt,
geboren bei Paris, das bei Pontoise liegt,
an einem klafterlangen Strick gehenkt,
und spür am Hals, wie schwer mein Hintern wiegt.***

Manche fremden Verse modelte er um, verballhornte sie
absichtlich. Ständig operierte er mit Versen, aber nur

---

* Statt »Ich trug dich ganz in mir«. (L.B.)
** Deutsch von Günther Deicke
*** Deutsch von K.L. Ammer

117

fremden, nie eigenen. Eigenes zitierte er so gut wie nie, allenfalls daß er es murmelte, wenn es entstand, oder daß er es vortrug, kurz nachdem es entstanden war.

Eine Zeile von Wertinski lautete bei ihm so: »Ein *schauschwarzer* Neger reicht Ihnen Ihr Cape.« (Statt »blauschwarzer«) Und eine von Pasternak (aus »Meine Schwester – das Leben«): »... Und duftet nach *nasser Hoseda der Rerizont.*« (Statt »nach nasser Reseda der Horizont«.)

Gute neue Verse merkte er sich auf Anhieb und zitierte sie ständig, freute sich über sie, pries sie. Manchmal lud er ihren Verfasser ein, ließ ihn vorlesen und bat uns, gut zuzuhören. So zum Beispiel Swetlow, nachdem er dessen »Grenada«, Selwinski, nachdem er dessen allererste Gedichte, und Marschak, nachdem er dessen Verse für Kinder gehört oder gelesen hatte.

Mit Swetlows »Grenada« trieb er regelrecht einen Kult, deklamierte es zu Hause und auf der Straße, führte es bei Lesungen als Musterbeispiel an, prahlte damit, als hätte er es selbst geschrieben.

Eines Abends, ich glaube, 1926, kam er nach Hause und sagte, er habe Marschak zum Mittagessen eingeladen. »Weiß der Henker, was die alten Jungfern da mit ihm machen! Der Mann ist völlig fertig!«

Lehrerinnen hatten Marschak zur Verzweiflung gebracht – er schreibe »nicht pädagogisch genug«.

Majakowski schätzte seine Verse für Kinder sehr. Wenn er jemanden einlud, sagte er:

> Komm, wir bitten, Tante Pferd,
> Unser Kindlein wiegen.

Oder wenn sein Gesprächspartner herumdruckste:

> Sperrt der Karpfen auf das Mäulchen,
> Doch man hört nicht, was er singt.
> (*»Märchen vom dummen Mäuschen«*)

Einen diebischen Spaß hatte er an:

Blitzschnell geht das Fräulein am
Draht lang wie ein Telegramm.
(»Zirkus«)

Über ein Kind, das er lange nicht gesehen hatte:

Alles wächst auf Erden und gedeiht,
Auch die lieben Kinder mit der Zeit.

In einem Berliner Lokal bat er die Kellnerin: *»Geben Sie ein Mittagessen mir und meinem Genius!«*, wobei er das G von »Genius« ukrainisch aussprach, wie H.

Majakowski bedauerte, daß er Heine nicht im Original lesen konnte. Oft bat er mich, ihm Heine in wörtlicher Übersetzung vorzulesen. Wie gefiel ihm das Gedicht »Allnächtlich im Traum seh' ich dich«!

Jessenin zitierte er selten. Ich erinnere mich nur an:

Lieber, tumber Fohlenübermut!
Dieser Wettlauf, was soll er beweisen?
Längst schon ists besiegt, das Pferd aus Fleisch und Blut,
Weißt dus nicht?, von Rössern, ganz aus Eisen!*
(»Vierzigtägige Klage«)

N. F. Rjabowa schilderte mir ihre Begegnung mit Majakowski Anfang 1926 in Kiew: Majakowski ging im Zimmer auf und ab und murmelte:

Der vorgezeichnete Abschied
Sagt die Begegnung voraus.

Sie korrigierte ihn:

»Nicht ›vorgezeichnete‹, Wladimir Wladimirowitsch, sondern ›vorherbenannte‹«, worauf er sagte:

---

* Deutsch von Adolf Endler

»Wenn Jessenin richtig an dem Gedicht gearbeitet hätte, hieße es ›vorgezeichnete‹.«

Jessenin und er polemisierten gegeneinander, wußten sich aber zu schätzen. Leider haben sie sich das nie gesagt, aus Prinzip nicht.

Jessenin wich in diesem Punkte auf mich aus. Bei unseren Begegnungen nannte er mich »Beatricelein«, womit er auf Dante anspielte.

Die Lieblingsdichter meiner Generation waren nicht die Symbolisten, sondern Fet und Tjuttschew. Ich wüßte nicht, daß Majakowski sie je zitiert hätte. In Boris Eichenbaums Tagebuch ist unter dem 20. August 1918 zu lesen: »Majakowski hat Tjuttschew geschmäht, fand allenfalls zwei, drei Gedichte von ihm nicht übel: ›Der donnerbrodelnde Pokal vom Himmel‹ und ›Auf die feurigen Wangen‹.«

Daß Majakowski Bely, Balmont oder Brjussow erwähnte, habe ich kaum erlebt. Als wir uns kennenlernten, betrachtete er sie schon als reine Vergangenheit.

Die Feier zu Brjussows fünfzigstem Geburtstag, 1923 im Großen Theater, habe ich leider nur undeutlich in Erinnerung.

Majakowski und ich saßen in einer Loge. Sicherlich gab es auch ein Präsidium und allerlei Drum und Dran, aber ich erinnere mich nur an Brjussow – wie er mutterseelenallein auf der großen Bühne stand. Von seinen alten Mitstreitern war keiner mehr da, weder Balmont noch Bely oder Block. Block war gestorben, Balmont und Bely hatten Sowjetrußland verlassen.

Doch es gibt einen Bericht über diesen Abend, darin heißt es, Lunatscharski habe eine Einführung gegeben und mehrere Gedichte des Jubilars vorgetragen. Dann traten die Gratulanten an: vom WZIK, von der Akademie der Wissenschaften, vom Volkskommissariat für Bildungswesen und von verschiedenen Theatern. Es wurden Szenen aus von ihm übersetzten Stücken gespielt, Romanzen mit seinen Texten gesungen und so fort. Plötzlich beugte sich Majakowski zu mir und flüsterte erregt: »Komm, wir gehn mal zu ihm, dem muß jetzt übel sein.« Ich erinnere mich, daß wir lange umherirrten, das ganze Theater nach ihm absuchten. Endlich fanden wir ihn, er stand allein, und Majakowski sagte freundschaftlich: »Ich gratuliere Ihnen zu Ihrem Jubiläum, Valeri Jakowlewitsch!« Brjussow antwortete: »Danke, aber solch Jubiläum wünsche ich Ihnen nicht.« Äußerlich schien alles glattzugehen, so wie es sich gehörte. Aber Majakowski hatte untrüglich gespürt, wie Brjussow zumute war.

Bei vielen Dichtern entdeckte Majakowski gute Zeilen. Enthusiastisch wandte er sich jedem zu, dem er ein Fünkchen Talent oder auch nur guten Willen angemerkt hatte. Dann setzte er sich für ihn in den Redaktionen ein, ermutigte ihn, beschwor ihn, sorgfältig, gewissenhaft und zu den notwendigen Themen zu schreiben. Oder half ihm finanziell aus.

Welche Prosa Majakowski bevorzugte, kann ich nicht genau sagen. Er liebte Dostojewski. Stundenlang konnte er Tschechow und Gogol hören. Tschernyschewskis »Was tun?« war eines seiner Lieblingsbücher, auf das er ständig zurückgriff. Das darin dargestellte Leben hatte manches mit dem unsrigen gemein. Majakowski suchte bei Tschernyschewski gleichsam Rat für seine persönlichen Probleme und fand sich durch ihn bestätigt. »Was tun?« war vor seinem Tod seine letzte Lektüre.

Majakowski wurde aus unserer Gemeinschaftswohnung in der Wodopjany-Gasse hinausgesetzt, angeblich weil er noch ein Zimmer in der Ljubjanski-Durchfahrt hatte. Er klagte dagegen, kam aber nicht durch. So mußten wir nach Sokolniki ziehen, wo wir bis 1926 wohnten, da bekamen wir die Wohnung in der Gendrikow-Gasse.

In Sokolniki hatten wir drei Zimmer. Eins davon war schön geräumig, dort standen ein schweigsamer Konzertflügel und ein Billardtisch, an dem wir viel spielten.

Die Briks und W. Majakowski in ihrer Wohnung in der Gendrikow-Gasse, Moskau 1929

Als wir umzogen, stiftete Majakowski diesen Tisch über einen Charkower Bekannten einem Charkower Arbeiterklub.

In Sokolniki starb unser Hund Schottchen, ein schottischer Terrier. Ihn hatte ich aus England nach Berlin mitgebracht, wohin Majakowski gekommen war, gemeinsam nahmen wir ihn dann nach Moskau mit. In Sokolniki brach Majakowski zu seiner Amerika-Reise auf. Eigentlich wollten wir zusammen reisen, aber ich hatte gerade eine Peretonitis überstanden und war noch so geschwächt, daß ich ihn nicht mal zur Bahn begleiten konnte.

Statt einfacher Verlobungsringe trugen wir goldene Siegelringe. Majakowski hatte auf meinen außen »L.JU.B.« gravieren lassen, so daß sich, hintereinander gelesen, ein endloses »LJUBLJUBLJUB«, LIEBLIEBLIEB, ergab, und innen »Wolodja«; ich dagegen auf seinen – außen die lateinischen Buchstaben $\frac{M}{W}$ und innen »Lilja«.

Als es in der Sowjetunion unüblich wurde, Goldschmuck zu tragen, erhielt Majakowski bei seinen Auftritten den Ring betreffende Vorwürfe aus dem Publikum. Einmal einen Zettel: »Gen. Majakowski! Der Ring steht Ihnen nicht zu Gesicht.« Er antwortete, ebendeshalb trage er ihn nicht an der Nase, sondern an der Hand. Aber die Vorwürfe häuften sich, da zog er den Ring ab und hängte ihn, um ihn trotzdem immer bei sich zu haben, an sein Schlüsselbund.

Als er die Amerika-Reise antrat, ließ er die Schlüssel zu Hause. Erst auf dem Bahnhof fiel ihm ein, daß damit auch der Ring zu Hause geblieben war. So ging er das Risiko ein, die Abfahrt zu verpassen, womit das Ausreisevisum verfallen gewesen wäre, und kam noch mal zurück – keine Kleinigkeit damals, weil der Stadtverkehr nahezu lahmlag, weder Droschken noch Straßenbahnen fuhren. Doch ohne den Ring abzufahren hielt er für ein böses Omen. Einmal hatte er ihn vom Grund der Utscha, dem Flüßchen bei Puschkino, wieder heraufgeholt. Und ein andermal war er ihm in den Schnee gefallen, da suchte er beharrlich, bis er ihn wiederfand. Immer kehrte der Ring zu ihm zurück.

Neben dem Ring von mir hatte er noch ein anderes Amulett – ein altes silbernes Zigarettenetui von seinem Vater. Es enthielt einen kleinen Rahmen mit einem 1915 aufgenommenen Foto von uns beiden. Gelegentlich trug er das Etui in der Tasche des Jacketts, da aber zu wenig Papirossy hineinpaßten, lag es meistens im Schubfach seines Schreibtischs.

Nach seinem Tod schenkte ich es zusammen mit dem Foto Wsewolod Meyerhold zum sechzigsten Geburtstag. Meyerhold freute sich darüber, denn er hatte es oft bei Majakowski gesehen.

Die Wohnung in Sokolniki war sehr unangenehm und ungünstig – keine Badewanne, die Toilette eiskalt, dazu die lange Anfahrt. Majakowski bemühte sich um eine Wohnung in Moskau.

*Der Moskauer Taganka-Platz, Mitte der zwanziger Jahre.
In der Nähe befand sich die Gendrikow-Gasse*

Nach vielen Anträgen und Bittgängen erhielt er die Einweisung in die Wohnung in der Gendrikow-Gasse. Diese Wohnung war so heruntergekommen, daß wir vorerst nicht umziehen konnten. An der Decke hingen schmutzige Papierfetzen, unter der uralten rissigen Tapete nisteten Wanzen. Doch damit sie uns keiner im Schutze der Nacht wegschnappte, mußten wir sie sofort in Beschlag nehmen. So rüsteten sich Brik und der Maler Lewin, einer unserer Freunde, mit je einem leeren Koffer aus und »zogen ein«, das heißt hielten sich mehrere Nächte in der Wohnung auf und schoben, auf den Koffern sitzend, Wache. Majakowski und Assejew lösten sie ab und schlugen sich die Nächte mit Sechsundsechzig um die Ohren. Aber schließlich hatten wir Handwerker gefunden und konnten mit der Renovierung beginnen. Wir ließen die ganze Wohnung umbauen, so daß sogar ein winziges Bad heraussprang, kurz, brachten sie in den Zustand, in dem sich heute das »Majakowski-Zimmer«, das Eßzimmer und die Diele befinden, nur

*Das Eßzimmer der Wohnung in der Gendrikow-Gasse,
später Majakowski-Museum*

daß wir freilich noch keine Zentralheizung hatten; die kam erst hinzu, als die Wohnung Museum wurde.

Doch dieser Teil – »Majakowski-Zimmer«, Eßzimmer und Diele – vermittelt einen falschen, unvollständigen Eindruck von Majakowskis Wohnverhältnissen. Wir hatten ein Eßzimmer und drei gleich große Zimmerkajüten. In meiner standen ein kleinerer Schreibtisch und ein recht großer Kleiderschrank. Briks diente gleichzeitig als Bibliothek, dort befanden sich alle auch für Majakowski notwendigen Bücher. Dann hatten wir das besagte Bad mit der ersehnten Badewanne, unserem ein und alles. Erstaunlich, daß Majakowski darin überhaupt baden konnte, sie war für ihn viel zu klein. Dann gab es noch die »eigene Küche«, auch ein winziger Raum, dafür stets voller Leben. Das Treppenhaus ist heute »museumsschön«, damals standen auf unserem Treppenabsatz, auf den auch die Tür der Nachbarwohnung führte, zwei rohgezimmerte, mit Vorhängeschlössern versehene Schränke, in denen all die Bücher steckten, die wir in der Wohnung nicht untergebracht hatten. Der hübsche Garten und der solide Zaun haben damals noch nicht existiert. Nur ein paar Bäume und zwei, drei Holzschuppen für alle Mieter des Hauses. Die kläglichen Häuschen, die wir vom Fenster aus sahen, sind heute abgerissen. Kurz, alles stimmt und stimmt nicht. Etliche Spuren wurden verwischt...

Es machte Freude, zusammenzusuchen und -zukaufen, was wir für unsere neue Wohnung brauchten.

Als erstes ließ Majakowski ein Messingschild für die Wohnungstür machen, das so aussah:

Den Tisch und die Stühle fürs Eßzimmer kauften wir bei Mosdrew, doch die Schränke mußten wir anfertigen lassen, weil die im Handel erhältlichen zu groß waren. Den

Flügel, ein wundervoller Kabinett-Steinway, verkauften wir aus Platzmangel. Wir boten ihn einem Pianisten an, der war davon so überrascht und beglückt und so in Furcht, wir könnten es uns anders überlegen, daß er noch am selben Tag ein Fuhrwerk organisierte und ihn in Windeseile abholte. Unser Einrichtungsprinzip entsprach ganz dem Gestaltungsprinzip bei der ersten »Wolke«-Ausgabe: nur das Nötigste. Keinerlei »Kulissenzauber« – weder Holztäfelung, Bilder noch sonstiger Zierat. Nur daß wir über die Schlafcouch von Majakowski und über die von Brik die beiden aus Mexiko mitgebrachten Wandteppiche hängten und über meine ein seltsames Unikum von Läufer, auf dem eine mit Wolle und Perlen gestickte Jagdszene dargestellt war; ihn hatte mir Majakowski 1916, in seiner Futuristenphase, aus Jux geschenkt. Die Fußböden legten wir mit geblümten ukrainischen Teppichen aus. Die einzige »Dekoration« in Majakowskis Zimmer wurden zwei Fotos von mir, die ich ihm im Jahr unserer Bekanntschaft zum Geburtstag geschenkt hatte.

Als 1928 der erste Band seiner Gesammelten Werke erschien, sagte Majakowski zu mir:
»Alles, was ich geschrieben habe, gehört dir, alles widme ich dir. Darf ich?« Und er schrieb auf den Band »L.JU.B.«.
Alle seine Gedichte hat Majakowski in dieser oder jener Form mir gewidmet. Doch nicht nur die Gedichte, auch die größeren Sachen wie »Wolke in Hosen«, »Wirbelsäulenflöte«, »Der Mensch«, »Darüber« und »Mysterium buffo«. Zu »Krieg und Welt« schrieb er mir eine gesonderte Widmung. War ein bestimmtes Gedicht für eine Widmung nicht geeignet, so widmete er mir später das Buch, worin es erschien. Mit dem Gedicht »An alles« in dem Sammelband »Einfach wie Gemuhe« widmete er mir im nachhinein auch alles, was vor unserer Bekanntschaft entstanden war.

127

Das Poem »150 000 000« gab er anonym heraus, wodurch sich natürlich ausschloß, es mir lauthals zu widmen. So bat er die Druckerei, drei Exemplare – für sich, Brik und mich – mit seinem Namen und der Widmung zu drucken.

Als sich herausstellte, daß diese Exemplare nicht zuerst gedruckt worden waren, ärgerte er sich, verlangte vom Druckereichef eine mit dem Stempel der Druckerei beglaubigte schriftliche Stellungnahme, klebte sie in sein Autorexemplar und schrieb auf den Vorsatz »Nr. 1« und auf das Titelblatt: »Dieses Buch samt allem, was ich bin, ist dem lieben Lilchen gewidmet.«

Hier die Stellungnahme der Druckerei:

»An die Gen. L. Ju. Brik.

Das Autorexemplar von ›150 000 000‹ mit dem Vermerk ›L.JU.B‹ hätte zuerst gedruckt werden müssen, doch mit Rücksicht auf mögliche Verzögerungen beim Druck, da ein Spezialsatz zu verwenden ist, wird es erst nach Erscheinen der gesamten Auflage gedruckt.

Instrukteur beim Staatl. Iso N. Korsunski.«

Das Poem »Krieg und Welt« ist buchstäblich vor meinen Augen entstanden. Allgemein wird gesagt, Gorki habe zu seiner Entstehung beigetragen. Wenn es so ist, dann höchstens in einer Weise, wie er damals fast alle progressiven Autoren beeinflußte.

Gorki war selten bei uns, und dann spielten wir eher Karten – meistens das Spiel »Tantchen« –, als daß wir uns unterhielten.

Sein Verhältnis zu Majakowski war durchaus nicht so idyllisch, wie es uns mancher glauben machen will. Seine begeisterte Reaktion auf Majakowskis Verse, vor allem auf die »Wirbelsäulenflöte« schmeichelte Majakowski natürlich. Aber beide wie Jesus und einen seiner Jünger hinzustellen, ist einfach unwahr. Zu keiner Zeit standen sie einander besonders nahe. In früher Jugend hatte sich Majakowski für Gorki interessiert, ihn, seine Art zu schreiben als neu und revolutionär empfunden. Er kam also nicht, wie vielfach behauptet wird, vom Futurismus zu Gorki, sondern umgekehrt – von Gorki zum Futurismus.

Als »Krieg und Welt« vollendet war, gingen wir zu dritt – Majakowski, Brik und ich – zu Matjuschin. Dieser bat Majakowski, sein neues Poem vorzutragen, unterbrach ihn dann aber mitten im Text, und wir wurden Zeugen eines hysterischen Ausbruchs. Fast jagte er uns aus dem Haus. Er schrie, was das um Himmels willen überhaupt sei – Kunst etwa? Nein! Die reinste »Leonidandrejewerei«! Brik stritt sich mit ihm die Kehle heiser, konnte ihn aber nicht umstimmen.

Vieles spare ich in diesen Aufzeichnungen aus. Hauptsächlich das, was schon andere niedergeschrieben haben, manche in Versen, manche in Prosa. Zwar messen sie Majakowski nur nach ihrer eigenen Elle, aber mir scheint, hier ist nicht der geeignete Ort, um sie zu widerlegen.

In einem Brief an mich erwähnt Majakowski das »Gläserne Auge«. Dies ist ein Studiofilm, den ich zusammen mit dem Regisseur W. L. Shemtschushny gemacht habe – eine Parodie auf den damals die Leinwände überschwemmenden kommerziellen Spielfilm und zugleich Agitation für den dokumentarischen Nachrichtenfilm. Sein Thema gefiel Majakowski sehr, entsprach ganz seinen eigenen Vorstellungen. Anschließend schrieb ich ein Drehbuch mit dem parodistischen Titel »Liebe und Pflicht oder Carmen«. Sein erster Teil war bereits der ganze Filminhalt. Die anderen Teile sollten vermittels Schnitt und Montage (damals gab es den Tonfilm noch nicht) zueinander jeweils in Widerspruch geraten, wobei kein einziger zusätzlicher Filmmeter gebraucht worden wäre.

1. Teil (das Hauptstück): In einem ausländischen Filmstudio wird ein neuer Leinwandrenner mit dem Titel »Liebe und Pflicht« abgedreht.

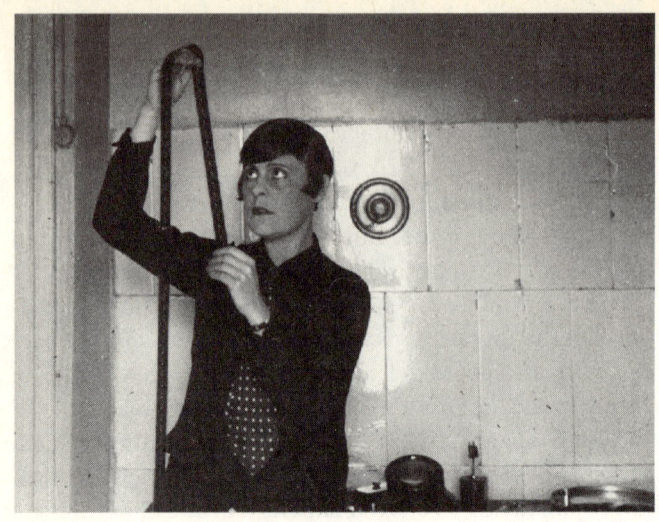

L. Brik bei der Montage des Films »Das gläserne Auge«

2. Teil: Das Verleihbüro beschließt, den Film für die Jugend »ein wenig« umzuschneiden.

3. Teil: Der Film wird für die Sowjetunion umgeschnitten.

4. Teil: Für Amerika wird ein Lustspiel daraus gemacht.

5. Teil: Der Filmstreifen erträgt dies nicht länger, er revoltiert, und die Filmrollen rollen ins Studio zurück, um sich löschen zu lassen.

So in dieser Art etwa. Das heißt, abermals eine Parodie auf das triviale, prinzipienlose, gleichgültige, antikünstlerische Filmwesen.

Ich bin hier deshalb so ausführlich geworden, weil Majakowski dieses Vorhaben sehr begrüßte. Er lobte mein Drehbuch über den grünen Klee und äußerte Interesse, die Hauptrolle zu spielen. Im ersten Teil ist es ein Staatsanwalt, der sich als Apache verkleidet, um Schmuggler auf frischer Tat zu fassen. Im zweiten ein Mann, der ein Doppelleben führt. Im dritten ein alter Revolutionär, der sich zu konspirativen Zwecken als Apache verkleidet.

V. Polonskaja in dem Film »Das gläserne Auge«

Im vierten (dem für Amerika gedachten Lustspiel) ein Staatsanwalt, der die Kleider mit einem Apachen tauscht, um seinen amourösen Abenteuern nachzugehen.

Majakowskis Beifall gab uns Auftrieb, und wir beschlossen, den Film gemeinsam zu drehen – Majakowski, Brik, die Kirsanows, Assejew, Krutschonnych und ich. Die Ausstattung sollte einer unserer Malerfreunde übernehmen (wer, weiß ich nicht mehr), und bei der Inszenierung erhofften wir uns Terentjews und Kulischows Unterstützung. Wir hatten vor, auf Honorar oder Gage zu verzichten, aber die Verwaltung von »Sowjetfilm« zu bitten, uns für einen Monat ein Studio zur Verfügung zu stellen. Falls unser Arbeitsergebnis allgemeines Interesse fände und in die Kinos gelangte, wollten wir uns auszahlen lassen. Majakowski und ich putzten alle nur denkbaren Klinken – umsonst. Der Vorschlag war zu ungewöhnlich, paßte in keine Rubrik. Das Studio wurde uns verweigert. Wie bedaure ich das! Wie schön wäre es, Majakowski und seine Freunde heute auf einem Filmstreifen sehen zu können, alle jung, alle zusammen!

Am 20. Juli 1927, als ich im Kaukasus war und gerade nach Moskau zurückreisen wollte, erhielt ich ein Telegramm von Majakowski: »Montag 25. Lesung Charkow warte Bahnhof Charkow Montagnacht 12.30.« Wir hatten uns fast einen Monat nicht gesehen, und als wir uns auf dem Charkower Bahnhof trafen und er zu mir sagte: »Was willst du in Moskau! Bleib einen Tag, ich lese dir auch neue Verse vor« – griff ich durchs Abteilfenster nach meinem Koffer und blieb. Wie er sich freute! Er liebte spontane Gefühlsäußerungen.

Wenig später saßen wir an unserem Tischchen im Hotel – noch heute habe ich die Wasserkaraffe und das Trinkglas vor Augen –, und er las mir die neuesten Kapitel seines Poems »Gut und schön!« vor.

Majakowski war sich seines Wertes als Dichter bewußt, trotzdem blieb immer ein Rest Unsicherheit in ihm. Auf Zuspruch, Lob und Anerkennung war er sehr angewiesen, und wenn er Eigenes vorlas, spähte er immer wieder erwartungsvoll zu seinem Zuhörer.

Wenn ich dann sagte, es gebe nichts Besseres in der Poesie, er sei genial, unsterblich, einen Dichter wie ihn habe die Welt noch nicht gesehen, war er selig.

Bei den Zeilen:

> Wenn ich
>
>   dennoch
>
>   etwas schrieb,
>
> Worte
>
>   sprach,
>
>   die taugen,
>
> wars
>
>   einem Himmelspaar
>
>   zulieb,
>
> wars
>
>   dank
>
>   zwei lieben Augen.*

---

* Deutsch von Hugo Huppert

hatte ich plötzlich die banale Vorstellung von himmel-
blauen Augen, und mich durchzuckte die Frage: wessen?
Und wie beruhigte mich dann:

> Augen,
> rund und braun...

Eine lächerliche Vorstellung. Denn ein Augen-»Himmelspaar« konnte bei Majakowski sonstwie sein, nur
nicht himmelblau.
Mehrmals habe ich erlebt, daß beim Vortrag des
Poems »Darüber« der Vortragende statt:

> Dieses Thema...
> wiedergesungen
>
> nicht nur ein Mal,
> nicht nur fünf...

sagte:

> Dieses Thema...
> wiedergesungen
>
> nicht nur ein Mal,
> nicht nur zwei...

Die Macht der Sprachgewohnheit! So etwa ist es auch
mir ergangen, als ich meinte, jenes »Himmelspaar« der
Augen müßte unbedingt himmelblau sein.
Im Sommer 1929 setzte ich mich an meine Lebens-
erinnerungen, ich begann mit der frühen Kindheit.
Schließlich brachte ich auch schon ein wenig über unsere
gemeinsame Zeit zu Papier. Ich bot es Majakowski zum
Lesen an, doch er sagte, er wolle selber Erinnerungen
schreiben und fürchte, durch meine aus dem Konzept zu
geraten. Wir sollten es uns lieber später einmal gegen-
seitig vorlesen.

Damals bedauerte ich, daß ich nicht Tagebuch geführt hatte, und legte eins an. Aber die Notizen darin sind so knapp gehalten, daß ich heute kaum noch weiß, was alles dahintersteht.

Zum Beispiel die über die ersten »Schwitzbad«-Lesungen. Reinster Telegrammstil! Ich entnehme ihnen nur, daß Majakowski mir am 5. September 1929 einige Passagen aus »Schwitzbad« vorlas, am 10. das Stück zur Abschrift gab und es mir am 15. ganz vorlas. Als Brik kam, las er es noch mal vor. Unter dem 22. September steht: »Wolodja trug ›Schwitzbad‹ zu Hause vor, es waren an die 30 Leute da.« Am 23. trug er es der Meyerhold-Truppe vor. Ein rauschender Erfolg. Sie »sagten, Majakowski sei ein Molière, Shakespeare, Puschkin, Gogol«. Am Abend des 26., zu Hause, »haben wir ›Schwitzbad‹ lange erörtert«. Doch was im einzelnen? Das einzige Konkrete: »Er will das Bühnenbild selbst machen.«

Am 27.: Wieder eine »Schwitzbad«-Lesung zu Hause, wieder vor 30 Leuten. Von dem anschließenden Gespräch ist nur festgehalten: »Markow sagte, Majakowski brauche für die Aufführung seiner Stücke ein eigenes Theater.« Nora Polonskaja, die der Lesung beigewohnt hatte, erzählte mir, Janschin sei so begeistert von »Schwitzbad« gewesen, daß er im ganzen Künstlertheater herumtelefonierte und die Inszenierung verlangte. Ob das auch geschehen wäre, sei dahingestellt, es schloß sich freilich schon insofern aus, als Majakowski das Stück Meyerhold gegeben hatte. Im Zusammenhang damit stehen offenbar zwei weitere Notizen von mir: »29. September: Das Künst.-theater will Wolodja mit einem Stück beauftragen.« – »2. Oktober: Abends kamen welche vom Künst.-theater, um über das Stück zu reden.«

Auch die folgenden Notizen geben zu erkennen, daß es Schwierigkeiten mit »Schwitzbad« gab. Am 24. Dezember: »Genehmigung der ›Schwitzbad‹-Inszenierung verzögert sich«; am 20. Dezember: »Trug ›Schwitzbad‹

dem Repertoirekomitee vor, hat sich mit knapper Not losgebissen.«

Auch in Leningrad kam »Schwitzbad« auf den Spielplan. Am 2. Februar habe ich notiert: »In Leningrad soll ›Schwitzbad‹ abgesetzt werden, wird erzählt. Wolodja ist in Aufregung, kann aber von der Ausstellung nicht weg. Erbot mich, hinzufahren.« Am 3. Februar: »Niemand will das Stück absetzen, nur daß es kein Publikum hat und daß die Zeitungen wettern. Welossipedkin sagt in dem Satz: ›Und mit meinem Anliegen verschafft mir auch mein Parteibuch hier Einlaß‹ statt ›Parteibuch‹ – ›Fahrschein‹. So wurde es ›gewünscht‹... Die Aufführung ist mit Talent gemacht, aber unfertig (mußte in einem Monat auf die Beine gestellt werden).«

Majakowski ärgerte sich maßlos, wenn mit seinen Versen nach Belieben umgesprungen wurde, so was war für ihn unverzeihlich. Unter dem 28. November 1929 heißt es bei mir: »Wolodja ist aus Leningrad zurück, sagt, er sei aus ›Wanze‹ rausgegangen, aus Wut über die vielen Eigenmächtigkeiten«, und unter dem 22. Dezember: »Wolodja hat mit dem ›Gottlosen‹ telefoniert, ihn beschimpft wegen der entstellten Verse.«

Die Zeitschrift »Der Gottlose« hatte Gedichte von ihm mit irgendwelchen Änderungen gebracht und ihm wohlweislich die Korrekturfahnen vorenthalten. Als er sein Belegexemplar erhielt, geriet er außer sich. Ich erinnere mich, wie er ins Telefon brüllte. Die Redaktion erklärte, nun sei leider nichts mehr zu machen, die Nummer sei ausgedruckt. Majakowski verlangte eine offizielle Entschuldigung. Tatsächlich entschuldigte man sich, aber ich weiß nicht mehr, in welcher Form – ob in brieflicher oder feierlich mündlicher. Er meinte, so würde man sich hinter die Ohren schreiben, daß man ihn nicht ungestraft verfälschen könne.

Ende 1929 rührte Majakowski seine Ausstellung »20 Jahre Arbeit« ein. Auf einer Lef-Sitzung wurde eine Kommission gebildet, die ihre Abwicklung übernehmen sollte. Meine Aufzeichnungen hierzu sind leider wiederum sehr dürftig.

6. Dezember: »Wolodja stellt das Material für seine Ausstellung zusammen und staunt, was er alles gemacht hat.« Am 9.: »Wolodja und Natascha Brjuchanenko stellen die Plakattexte zu einem Buch zusammen.« Am 11.: »Ich war für Wolodja in Leningrad, erkundigte mich im Puschkinhaus und bei Shewershejew nach Material für die Ausstellung.« Am 29. Dezember: »Wolodja ist von früh bis spät in Aktion. Klebt bis in die Nacht zusammen mit Sina Sweschnikowa die Ausstellungsalben.« Einen Monat darauf, am 29. Januar 1930: »Die Eintrittskarten für die Ausstellung sind so geschmacklos, daß einem die Lust vergeht, mit ihnen hinzugehen. Wolodja ist deprimiert, wollte, daß alles im Zusammenhang mit der Ausstellung mustergültig repräsentativ würde.« Am 30.: »Die Jungs haben sich einfallen lassen, auf die Zeitungsvitrine zu kleben: ›Majakowski ist den Massen nicht verständlich.‹« (Die »Jungs« sind junge Lef-Mitglieder: Latinski, Alelekow u. a., die Majakowski bei der Herrichtung der Ausstellung halfen.) Am 31.: »Die Kommission hat kein einziges Mal beraten, so ist nun die Ausstellung, die Wolodja so gern unübertrefflich arrangiert hätte – seht ihr, so muß man's machen! –, lediglich durch ihr Material interessant.«

Am 1. Februar fand endlich die Eröffnung statt. Ich habe dazu notiert: »Fuhren 6 Uhr abends zur Ausstellungseröffnung. Riesenandrang – alles Jugendliche. Die Ausstellung hat zwar Mängel, ist aber trotzdem sehr interessant. Wolodja ist überarbeitet. Wirkte beim Sprechen müde. Jemand gab eine Einführung, dann rezitierte Wolodja den Vorspann des neuen Poems. Alles war beeindruckt, obwohl er ablas und wie mit Überwindung sprach.«

Wie ich mich erinnere, war Majakowski an diesem Tag nicht nur erschöpft, sondern auch düster. Er ärgerte sich über alle, wollte mit keinem reden, überwarf sich mit Assejew und Kirsanow. Als sie anriefen, ging er nicht ans Telefon. Über Kassil sagte er: »Der müßte eigentlich Papirossy vom Laden an der Ecke für mich holen, hat aber für die Ausstellung nicht einen Nagel angerührt.«

Diese Düsternis ist auf einem Foto verewigt: er vor dem Hintergrund eines ROSTA-Plakates. Unbegreiflich, warum gerade dieses eine so weite Verbreitung fand!

Brik hat kein Tagebuch geführt, doch als er zehn Jahre nach Majakowskis Freitod seine Erinnerungen an Majakowski schrieb, begann er mit dieser Zeit und schilderte, in welcher Gemütsverfassung sich Majakowski befand, als er seine Ausstellung vorbereitete:

»Ende 1929 erwähnte Wolodja zum erstenmal, daß er eine Ausstellung machen wolle, eine eigene, das heißt mit allen seinen Büchern, Plakaten und Materialien, um gewissermaßen Rechenschaft über 20 Jahre Arbeit abzulegen. Er sprach davon ruhig, geschäftsmäßig, wie vom Ablauf einer seiner nächsten Auftritte. Vorher hatte er schon Ähnliches veranstaltet, zum Beispiel das ›Zwöwlam‹ und alle möglichen ›Rechenschaftsabende‹. Wie konnten wir ahnen, daß er dieser Rückschau eine besondere Bedeutung beimaß.

Wolodja wollte anerkannt sein. Wollte, daß wir Ref-Leute ihm die Organisation seiner Ausstellung abnähmen und daß zu der Ausstellung Vertreter von Partei und Regierung kämen und erklärten, er, Majakowski, sei ein guter Dichter. Er war des Kämpfens, Polemisierens, sich Raufens müde. Er wünschte sich ein wenig Ruhe und ein kleines bißchen Arbeitskomfort.

Wolodja sah, wieviel besser als er die diversen schriftstellernden ›Raffer und Spitzbuben‹ lebten, ruhiger, üppiger. Nicht, daß er sie beneidete, nein, aber er meinte eher ein Recht auf einige Lebensannehmlichkeiten und vor allem auf Anerkennung zu haben.

Und um dieser Anerkennung willen hat er die Ausstellung gemacht.

Wir haben das nicht durchschaut, wir begriffen nicht, warum er so zornig auf uns, so gereizt war und uns wenn nicht direkt, so doch in Anspielungen vorwarf, wir täten für seine Ausstellung nichts. Er wurde mürrisch, übellaunig, grob und hatte sich zu guter Letzt mit sämtlichen Ref-Leuten zerstritten. Zu mir sagte er:

›Wäre Ref das einzige, was uns verbindet – wir hätten uns längst verkracht. Aber es verbindet uns ja zum Glück noch anderes.‹

Ich sah, daß es Wolodja seelisch und nervlich furchtbar schlecht ging, aber den eigentlichen Grund dafür ahnte ich nicht. Sein Wunsch nach offizieller Anerkennung paßte nicht in mein Bild von ihm, das eines unermüdlich kampflustigen, draufgängerischen Polemikers…«

Damit enden Briks Aufzeichnungen über den noch lebenden Majakowski.

Als Majakowski sich erschoß, befanden sich weder ich noch Ossip Brik in Moskau. Wir waren zusammen nach London gefahren, meine Mutter zu besuchen, die dort in der Handelsvertretung arbeitete. Wir hatten bereits die Heimreise angetreten, unterbrachen sie aber am 14. April für einen Tag in Holland; dort kauften wir eine Reihe Mitbringsel für Majakowski – Zigarren, Krawatten, einen Spazierstock…

Hier nun der zweite Teil der Erinnerungen von Ossip Brik (und das ist alles, was er zu diesem Thema aufgeschrieben hat):

»Am Morgen des 15. April erreichten wir Berlin und begaben uns wie immer ins Kurfürstenhotel in der Kurfürstenstraße. Von der Hotelchefin und ihrem Hündchen Schneid wurden wir fröhlich begrüßt. Der Portier gab uns Briefe und ein Telegramm aus Moskau. ›Von Wolodja‹, meinte ich nur und steckte alles ungeöffnet in die Tasche.

Wir fuhren hinauf, machten es uns bequem, und erst da entsiegelte ich das Telegramm.

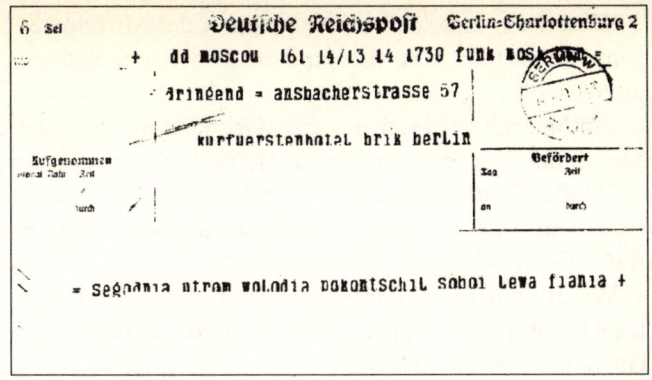

»heute morgen hat sich wolodja umgebracht lewa finia«

Unsere Vertretung wußte es bereits. Sie besorgte uns die nötigen Visa, und noch am selben Abend fuhren wir weiter.

An der Grenze erwartete uns Wassja Katanjan. Von ihm erfuhren wir, wie sich alles zugetragen hatte.

Am Morgen des 17. langten wir in Moskau an. Der Sarg war im Haus des Schriftstellerverbandes aufgestellt worden. Wahre Menschenmassen kamen, um von Majakowski Abschied zu nehmen. Alle waren tief betroffen. Daß Majakowski sich das Leben nehmen würde, hatte niemand auch nur im entferntesten gedacht. Da der 14. April nach dem alten Kalender der 1. April ist, hielt manch einer die Nachricht von Majakowskis Selbstmord für einen Aprilscherz und lachte.

Ich hatte ein Gespräch mit jemandem von der Rapp. Als ich ihn fragte, ob es der Rapp denn nicht möglich gewesen wäre, Majakowski ein vernünftiges, ihm gemäßes Betätigungsfeld zu geben, antwortete er hastig: „Aber ja! Ich habe mit ihm vereinbart, daß wir die Massen von Lesergedichten, die täglich bei der Redaktion des ›Oktjabr‹ eingehen, an ihn weiterleiten." Jedes weitere Gespräch hatte sich damit erübrigt.

Ein anderer von der Rapp drückte sich so aus: „Ich verstehe nicht, warum so viel Wind gemacht wird um den Selbstmord irgendeines Intellektuellen."

Widerlich, diese Selbstzufriedenheit der Mittelmäßigen! Sozusagen: Wir sind anders, wir erschießen uns nicht!

Ein Mensch wird sich aus zwei Gründen nicht das Leben nehmen: entweder weil er stärker ist als die ihn quälenden Widersprüche oder weil er keinerlei Widersprüche fühlt. Der zweite Grund war diesem talentlosen Rapp-Gesindel offenbar verschlossen.

Warum hat sich Majakowski das Leben genommen? Eine komplizierte Frage, und die Antwort wird zwangsläufig kompliziert sein.«

Brik hat uns die Antwort auf diese Frage nicht gegeben. Den ersten Teil seiner Aufzeichnungen und den letzten, eben angeführten, kann man nur als einen Anfang dieser komplizierten Antwort betrachten.

Warum hat Majakowski Selbstmord begangen?

In Majakowski war eine unbändige Liebe zum Leben, zu allen seinen Erscheinungen – zur Revolution, zur Kunst, zur Arbeit, zu mir, zu den Frauen, zum Glücksspiel, zur Luft, die er atmete. Seine unwahrscheinliche Energie räumte alle Hindernisse beiseite... Doch er wußte, eines würde er nicht »beiseite räumen« – das Alter, und er sah ihm von Jugend an mit krankhafter Angst entgegen.

Sein ewiges Reden von Selbstmord! Das war schon Terror. Eines frühen Morgens 1916 riß mich das Telefon aus dem Schlaf. Majakowskis dumpfe leise Stimme: »Ich erschieße mich. Leb wohl, Lilchen.« Ich schrie auf, rief: »Warte auf mich, ich komme zu dir!«, warf mir den Mantel über den Morgenrock, rannte die Treppe hinunter, beschwor den Droschkenkutscher, schneller zu fahren, hämmerte mit den Fäusten auf seinen Rücken. Majakowski öffnete mir. Auf dem Tisch im Zimmer lag ein Revolver. Er sagte: »Ich hab abgedrückt – Ladehemmung. Noch mal hab ich's nicht versucht, wollte auf dich warten.« Ich war in einer unbeschreiblichen Panik, konnte mich nicht fassen. Wir gingen zusammen zu mir in die

Shukowskaja, dort mußte ich Husarenpréférence mit ihm spielen. Wir spielten wie besessen. Er drehte immer mehr auf, brachte mich zur Verzweiflung mit dem Vers:

Ein Unsichtbarer am Dickicht entlang
Raschelt wie totes Laub, schreit:
»Was tat dein Liebster, wie bist du so bang?
Tat er dir etwas zuleid?«

Und vielen anderen, ausnahmslos fremden... Es nahm kein Ende.

1956, bei seinem Besuch in Moskau, erinnerte mich Roman Jakobson an ein Gespräch, das wir 1920 geführt hatten. Wir gingen damals auf dem Ochotny rjad, und er sagte: »Ich kann mir Wolodja alt, mit Runzeln nicht vorstellen.« Darauf ich: »Um nichts in der Welt will er alt werden, er wird sich erschießen. Er hat es schon mal versucht – eine Ladehemmung. Aber das kommt schließlich nicht jedesmal vor!«

Bevor er sich erschoß, hatte er alle Patronen bis auf eine herausgenommen. Ich bin überzeugt, daß er sein Schicksal versuchen wollte, daß er dachte – wenn es nicht sein Schicksal ist, gibt es wieder eine Ladehemmung und er lebt weiter.

Wie oft habe ich Majakowski sagen hören: »Mit fünfunddreißig wird Schluß gemacht, erschieße ich mich – das Alter! Bis dreißig halte ich noch durch. Länger nicht.« Und wie oft habe ich ihm flehentlich versichert, er habe vor dem Alter nichts zu befürchten, er sei schließlich keine Ballerina. Lew Tolstoi und Goethe waren weder »jung« noch »alt«, sondern waren Lew Tolstoi und Goethe. Und er bleibt in jedem Lebensstadium Wladimir Majakowski. Als ob ich ihn nicht mehr lieben würde, bloß weil er Runzeln hat! Seine Säcke unter den Augen und runzligen Wangen werde ich anbeten. Aber er wiederholte störrisch, er wolle sein und mein Alter nicht erleben. Nichts fruchtete. Auch nicht meine Erklärung, daß die sogenannte »Vernunft«, die er so fürchtete, zwar in der Tat etwas Abstoßendes, aber nicht unbedingt eine Eigenschaft des Alters sei. Tolstoi hat ihr auch widerstanden. Er verließ in hohem Alter sein Heim. Riß aus wie ein Jüngling.

Einmal, als wir beide, er wie ich, schon über Dreißig waren, fragte ich ihn bei einem dieser immer wiederkehrenden Gespräche: »Was mache ich nun? Bin ja schon über Dreißig.« Da sagte er: »Du bist keine Frau, du bist eine Ausnahme.« – »Und du, bist du keine Ausnahme?!« Er schwieg.

Der Gedanke an Selbstmord war bei ihm ein chronisches Leiden, und wie jedes chronische Leiden konnte er unter ungünstigen Bedingungen akuten Charakter annehmen. Sein Reden von Selbstmord hat mich freilich nicht immer auf gleiche Weise erschreckt. Sonst wäre das Leben nicht zu ertragen gewesen. Wenn ein zum Kartenspiel Geladener auf sich warten ließ, hieß es gleich: »Mich braucht keiner.« Wenn eine junge Bekannte nicht angerufen hatte, wie versprochen: »Keiner liebt mich.« Und da es so ist, hat das Leben keinen Sinn mehr. Das waren echt hysterische Anwandlungen. Manchmal redete ich ihm gut zu, um ihn zu beschwichtigen, manchmal schimpfte ich ihn aus, bat ihn, mich nicht zu drangsalieren und zu ängstigen.

Aber es gab auch Situationen, in denen ich eine Heidenangst um ihn hatte und ihn nahe an einer Katastrophe sah. Einmal kam er vom Staatsverlag, wo er lange auf jemanden warten, bei der Kasse anstehen und irgendwas, was keines Nachweises bedurfte, nachweisen mußte. Er warf sich längelang auf die Couch und heulte in die Kissen: »Ich – kann – nicht – mehr...« Ich weinte vor Mitleid und Angst, da schüttelte er seinen Kummer ab und kam mich trösten.

Hier noch eine von diesen Situationen, in meinem Tagebuch festgehalten: 11. Oktober 29, abends. Wir hatten Besuch und saßen friedlich im Eßzimmer. Er wartete auf den Wagen, der ihn zum Bahnhof bringen sollte, zum Zug nach Leningrad, wo ihm jede Menge Lesungen bevorstanden. Der Koffer war gepackt.

Da wurde uns ein Brief von Elsa heraufgebracht. Ich öffnete ihn und las ihn wie üblich vor. Nach einer Reihe verschiedener Neuigkeiten teilte Elsa mit, Tatjana Jakowlewa, für die Majakowski (er hatte sie in Paris kennengelernt) noch immer innige Gefühle hegte, wolle einen Baron oder Vicomte heiraten und sich kirchlich, in weißem Kleid mit Schleier trauen lassen, habe aber entsetzliche Angst, daß Majakowski davon erfährt und ihr einen Skandal macht, das könne ihr schaden, sogar ihre Ehe zerstören. Zum Schluß bat Elsa, es Majakowski zu verschweigen. Dummerweise hatte ich es nun aber schon vorgelesen. Majakowski wurde finster. Er stand auf und sagte: »Na, da will ich mal gehen.« – »Jetzt schon, wieso? Der Wagen ist noch nicht da.« Aber er griff nach dem Koffer, küßte mich und ging. Als der Fahrer zurückkam, erzählte er, Majakowski habe ihn auf der Woronzowskaja abgefangen, den Koffer in den Wagen gefeuert und ihn wüst beschimpft, was noch nie vorgekommen war. Dann schwieg er die ganze Fahrt. Als er am Bahnhof ausstieg, sagte er aber: »Entschuldigen Sie, Genosse Gamasin, nehmen Sie es mir bitte nicht übel, ich habe Herzbeschwerden.«

Mich hatte das furchtbar beunruhigt, und am nächsten Morgen rief ich ihn in seinem Leningrader Hotel an. Ich sagte, ich wisse weder ein noch aus, machte mir Sorgen. Er antwortete mit einer Floskel aus einem alten Kalauer: »Dieses Pferd ist krepiert« und beruhigte mich – es sei alles wieder im Lot.

»Soll ich nicht trotzdem hinkommen, was meinst du?« Er stimmte erfreut zu.

Noch am Abend desselben Tages fuhr ich ihm nach. Er war darüber unsäglich froh, ließ mich keinen Schritt von seiner Seite. Ich begleitete ihn zu allen Veranstaltungen, die teils in großen Sälen, teils in Studentenhei-

Tatjana Jakowlewa, Paris 1932

men oder Privatwohnungen stattfanden und stark besucht waren. Manchmal hatte er drei an einem Tag, doch bei kaum einer vergaß er, etwas über jenen Baron oder Vicomte einzustreuen: »Wir arbeiten, wir sind keine französischen Vicomtes«, »Das ist eben was anderes als ein französischer Vicomte« oder »Wenn ich ein Baron wäre...«

Sein Schmerz hatte sich gelegt, aber seine verletzte Eigenliebe nagte weiter – er schämte sich vor sich und mir, daß er sich so geirrt hatte. Oft hatte er zu mir gesagt: »Sie ist ganz sie selbst, ihr eigener Kopf, um keinen Preis wird sie dortbleiben.«

Aus einer Publikation von Roman Jakobson geht hervor, daß Majakowski den Briefwechsel mit ihr abbrach, als er erfuhr, daß sie nicht zurückkommen wolle. Freilich war er da schon in Nora Polonskaja verliebt.

Bei dem Leningrad-Aufenthalt damals sah ich ihm stundenlang zu, wie er mit Boris Bernet Billard spielte. Er war düster und übermütig zugleich. Doch konnte ich ihm nicht auf Schritt und Tritt an den Fersen hängen. Das hätte er auch gar nicht geduldet. Hätte er nur einen Moment den Eindruck gehabt, ich paßte auf ihn auf, so wäre ich ihm wohl gleichgültig geworden. Zum Glück liegt mir die Rolle des Kindermädchens nicht.

Als er sich erschoß, war ich nicht in Moskau. Wenn ich zu Hause gewesen wäre, hätte sich sein Tod vielleicht noch mal abwenden lassen. Aber wer weiß!

Nach seinem Tod, jedenfalls solange wir in der Gendrikow-Gasse wohnten, glaubte ich ihn ständig zu hören oder zu sehen: wie er die Tür aufschließt, den Spazierstock mit leisem Rums an die Garderobe hängt oder wie er ins Zimmer tritt, lässig das Jackett ablegt, sich beugt und Bulka krault, ohne Handtuch ins Bad abzieht und zurückkommt, die nassen großen Hände vorgestreckt; oder wie er mit mir beim Frühstück sitzt, schräg zum Tisch, die Beine übergeschlagen, seinen Tee schlürft und Zeitung liest.

145

14. April 1930

Bis auf den heutigen Tag sehe ich ihn bisweilen auf einer Straße von Moskau oder Leningrad, oft spreche ich vertraute Menschen mit »Wolodja« an.

Selbst sein Abschiedsbrief hätte nicht unbedingt den Tod nach sich ziehen müssen. Der Brief wurde am 12. geschrieben, doch erschossen hat er sich am 14. Wären die äußeren Umstände etwas freundlicher gewesen, so hätte sich der Selbstmord vielleicht aufschieben lassen. Aber zu diesem Zeitpunkt schien alles aus den Fugen zu sein: Die Probe auf seine Unwiderstehlichkeit hatte scheinbar ein Fiasko erlitten; der Mißerfolg von »Schwitzbad«; die Sturheit und Mißgunst der Rapp-Leute; daß zu der Ausstellung nicht die erwarteten Leute gekommen waren und, schließlich, daß er am 14. nicht ausgeschlafen hatte. Und in allem hatte er Unrecht. Sowohl gegenüber Nora Polonskaja, von der er, um zu sehen, wie unwiderstehlich er nach wie vor sei, unbedingt wollte, daß sie sich von ihrem Mann trennte, als auch gegenüber seinem Stück »Schwitzbad«. Gewiß, die Presse zog täglich über die Aufführung her, aber wußte er nicht, wie glänzend

146

das Stück an sich war? Hatten ihm nicht Freunde, denen er mehr vertraute als sich selbst, glaubwürdig versichert, daß er mit dem Stück Jahrzehnte vorausblickte, daß nur die wenigsten schon verstünden, welche Gefahr von der sich manifestierenden Bürokratie ausging, daß nur diese Inszenierung schlecht sei, die nächste dafür um so besser sein würde? Auch Tschechows »Möwe« war erst einmal durchgefallen! Und die Leute von der Rapp! Als hätte er ihren Platz nicht gekannt! Was war von denen anderes zu erwarten? Mußte er an solchen verzweifeln?

Und was die Ausstellung betrifft – man erinnere sich an das stürmische Interesse der Jugend! Hat er sich wirklich ein »Jubiläum« gewünscht?

Aber er war eben ein Dichter. Er wollte alles übersteigern und übertreiben. Sonst wäre er nicht der gewesen, der er war.

In seinem Abschiedsbrief ist er noch mal ganz er, ganz Majakowski.

Er fürchtet, sein Tod könnte jemandem zur Last gelegt werden. Fürchtet Klatsch und Gerede. Nichts haßte er mehr als das. In unserem Zusammenleben gab es für so etwas keinen Platz.

Er bittet seine Freunde und Angehörigen für den Schmerz, den er ihnen zugefügt hat, um Verzeihung. Hätte er das doch als Lebender getan.

»Lilja – liebe mich.« Das bedeutet: Verzeih mir, vergiß mich nicht, verteidige mich, laß mich auch nach meinem Tod nicht allein; auch nach meinem Tod möchte ich an erster Stelle in deinem Bewußtsein stehen.

An die Regierung wendet er sich mit der Anrede: »Genossin Regierung«, d. h. in Freundschaft, mit Vertrauen. Selbst als er Hand an sich legte, blieb er Bolschewik.

Wie einen guten Freund bittet er die Regierung, sich um die Menschen zu kümmern, die ihm zu seinen Lebzeiten am Herzen gelegen haben.

Brik und mir trägt er auf, sich seines Nachlasses anzunehmen. »Die angefangenen Verse überlaßt den Briks, sie finden sich da zurecht.« Das bedeutet: Briks kennen mich und meine Dichtungen so gut, daß sie sogar wissen, was ich schreiben wollte.

Die Rapp-Leute sieht er über alle Differenzen hinweg als seine Genossen im revolutionären Kampf an; er will nicht, daß sie ihn für feige halten, und bedauert, sich in künstlerischen Fragen mit ihnen nicht »zu Ende beschimpft« zu haben – eigentlich nicht seine Art!

Schulden hat er stets beglichen, auch nach seinem Tod will er niemandem etwas schuldig sein.

»In meinem Tisch sind 2000 Rubel, überweist sie an die Steuer.«

Und er konnte nicht sterben, ohne noch einen Vers, einen Scherz zu hinterlassen – zwei wesentliche Begleiter seines ganzen Lebens.

Bemerkenswert ist auch, daß er Nora Polonskaja zu seinen Angehörigen zählt. Mit seiner Bitte an die »Genossin Regierung«, ihr ein erträgliches Leben zu sichern, hoffte er, ihr zu Selbständigkeit zu verhelfen.

Auch möchte er nicht, daß sich andere an ihm ein Beispiel nehmen: »Das ist kein Weg, nicht zu empfehlen.« Das heißt, es löst nichts, ändert nichts, ist Flucht, doch er sieht keine andere Möglichkeit; er hat keine Kraft mehr, das Empfinden des hereinbrechenden Alters und der, wie ihm schien, mit dem Alter hyperbolisch wachsenden Minderwertigkeit zu überwinden.

»Viel Glück den Bleibenden«, wünscht er uns allen. Und wünscht es uns aufrichtig. Bis zum letzten Augenblick ist er sich treu geblieben.

Seit Wolodjas Tod sind viele Jahre vergangen. »Lilja – liebe mich.« Ich liebe ihn. Jeden Tag spricht er in seinen Gedichten mit mir.

Moskau 1956–1977

148

Briefwechsel
mit Wladimir Majakowski

[Moskau–Riga, 26.–27. Oktober 1921]
Mein teures mein liebes mein geliebtes mein angebetetes Füchslein!

Den Kurieren soll man die Briefe unverschlossen mitgeben, furchtbar unangenehm daß andere lesen was man Liebes geschrieben hat. Nutze ich die Gelegenheit Winokur Dir einen richtigen Brief zu schreiben. Ich verzehre mich, ich lechze nach Dir – und wie! – ich komme nicht zur Ruhe (besonders heute nicht!), denke immer nur an Dich. Ich gehe nicht weg, ich streiche von einer Ecke zur andern, gucke in Deinen leeren Schrank, küsse Deine Kärtchen und Deine Katzenunterschriften. Heule viel, heule auch jetzt. Daß Du mich nur nicht vergißt! Was kann es Trostloseres geben als ein Leben ohne Dich. Vergiß mich um Christi willen nicht ich liebe Dich millionenmal mehr als alle andern zusammengenommen. Außer dir interessiert mich keiner, mit keinem möchte ich sprechen außer mit Dir. Der schönste Tag meines Lebens wird Deine Rückkehr sein. Liebe mich Kindelchen. Hab auf Dich acht erhole Dich Kindchen. Schreib mir –

brauchst Du nicht irgendwas? Ich Küsse Dich Küsse
Küsse Küsse Küsse Küsse Küsse Küsse Küsse Küsse
Küsse Küsse Küsse Küsse und Küsse Dich.
26/X 21
Dein

Wenn Du nichts *von Dir*      Vergiß nicht
schreibst verliere ich den   Liebe mich.
Verstand.

[Riga–Moskau, Ende Oktober 1921]
Mein geliebter Wau! Weine nicht um mich! Ich liebe
Dich furchtbar fest und für immer! Ich komme unbe-
dingt! Käme am liebsten gleich, wenn es mir nicht pein-
lich wäre. Warte auf mich!
Betrüge mich nicht!!!
Davor fürchte ich mich am meisten. Ich bin Dir abso-
lut treu. Habe jetzt viele Bekannte, darunter sind auch
Verehrer, aber keiner, der mir im geringsten gefiele. Im
Vergleich zu Dir sind es alles Ekel und Dummköpfe!
Überhaupt bist Du mein geliebter Wau, was soll sein! Jeden Abend küsse ich Dich zwischen die Äuglein! Ich
trinke keinen Tropfen! Mag nicht. Kurzum, Du wärst
zufrieden mit mir.
Ich habe mich nervlich schön erholt. Komme lieb und
gut wieder.
Dank für Deine Bemühungen, Liebling, vielleicht
sind sie mir noch von Nutzen, im Moment scheint mir
freilich, daß alles auch so geht. Ich warte noch einen Monat. Wenn ich dann nicht abgereist bin, holt mich wieder zu Euch.
Schreibt mir per Einschreiben an die Adresse meiner
Tante: Alexandrowskaja-Str. 1 W. 8, bei Girschberg.
Ich sehne mich ständig nach Dir.
Schreib Verse *für mich.*

152

L. Brik in Riga, 1922

Ich kann für mich nichts schicken, habe ja überhaupt nichts gekauft – zu teuer alles. Vielen Dank für das Parfümgööld. Dummchen! Warum hast Du das Zeug nicht in Moskau gekauft! Ausländisches ist hier überhaupt nicht zu kriegen! Und wenn, dann zu unwahrscheinlichen Preisen.

Sind die Zahngummis angekommen? Und die Zigarren, schmecken sie? Schreib mir per Post. Per Kurier geht manches verloren.

Ich habe mit jedem Kurier geschrieben.

Von Mischa ein Telegramm – er hat das Geld an mich abgeschickt. Bin gespannt, wieviel. An Ljowchen schreibe ich noch extra, direkt an seine Adresse.

Ich küsse Dich von Kopf bis Pfote. Rasierst Du Dein Birnchen?

Deine, Deine, Deine

Lilja

[Moskau–Riga, 16. November 1921]

Liebes, süßes Liljalein!

Dein Brief über Ponys Zucker und Kakao ist angekommen. Ich war auch im Zirkus und habe auch lauter Pferdchen gestreichelt.

Nach Charkow fahre ich erst am 29. Wlad. Alex. war hier und nahm mir das Versprechen ab, bei ihm zu wohnen und Mittag zu essen. Zwar habe ich's ihm gegeben, will mich vor dieser Ödnis aber drücken. Das Poem bewegt sich ganz langsam vorwärts – am Tag eine Zeile! Werde es zum Weiterschreiben nach Charkow mitnehmen. Ich wohne zu Hause – schon ziemlich warm hier – aber keine Seele (egal welchen Geschlechts) ist mir über die Schwelle gekommen.

Osschen und ich machen möglichst alles zusammen und reden dauernd von Dir (Thema: der einzige *Mensch* auf der Welt ist Mauz). Überhaupt sind wir sehr gut miteinander. Ich zeichne er liest mir Tschechow vor.

Schreibe

Ich küsse Dich 186mal

Erwarte Dich

Dein treuer

16/XI

[Riga–Moskau, Mitte November 1921]

Mein Wolossel!

Danke für das zärtliche Briefchen und dafür, daß Du zu meinem Geburtstag an mich gedacht hast.

Schreib mir ehrlich – ist Dir ohne mich nicht manchmal leichter? Bist Du nicht manchmal froh, wenn ich verreise? Keiner plagt Dich! Keiner hat Launen! Keiner beutelt Deine schon genug gebeutelten Nervchen!

Ich liebe Dich Wau!! Gehörst Du mir? Willst Du niemanden anders haben? Ich gehöre Dir ganz, liebstes Kindchen! – Küsse Dich rundherum.

Lilja

L. Brik. Collage von A. Rodtschenko

[Moskau–Riga, 28. November 1921]
Mein liebes teures und geliebtes Lilchen,

ich bin wie immer Dein Wau, lebe nur und denke an Dich, warte auf Dich und bete Dich an.

Jeden Morgen gehe ich zu Ossja und sage: »Traurig Bruder Mauz ohne das Fuchsweib«, und er darauf: »Traurig Bruder Wau ohne Mauz.«

Dein Päckchen mit Tee, Schokolade und Haferflocken ist angekommen. Danke Kindchen.

Nach Charkow werde ich wohl morgen fahren. Arbeite beim Glawpolit und zanke mich mit allen. Wir schicken Dir ein bißchen was mit Ljowas Tante. Schreib mein Liebes, schreib mein Kleines, liebe mich meine Liebste. Ich küsse Dich 150 000 000mal ganz Dein bis in den Tod auf Dich wartender
28/XI 21

Entsetzlich liebe ich Dich entsetzlich.

Ganz Dein

155

[Riga–Moskau, Anfang Januar 1922]
Wolodchen,

Julia Grigorjewna Ljenar hat mir erzählt, daß Du Dich bis zum Erbrechen betrinkst und daß Du in die jüngere Ginsburg verliebt bist, daß Du Dich an sie heranmachst und Ihr in innigen Posen durch die Straßen geht oder fahrt. Du weißt, *was* ich davon halte.

In zwei Wochen bin ich wieder in Moskau und werde Dir gegenüber so tun, als wüßte ich nichts. Aber eines *verlange* ich: daß dann *alle*s, was mir mißfallen könnte, *absolut* liquidiert ist.

Daß mir *kein einziger* Anruf kommt usw. Wenn *das alles* nicht bis zur *kleinsten Kleinigkeit* geschieht, müssen wir uns trennen, was ich durchaus nicht will, weil ich Dich liebe. Du hältst Dich ja schön an die Abmachung: »nicht trinken« und »warten«! Ich habe beides *bisher* eingehalten. Aber mal sehen.

Ein gemeines Stück diese Julia Grigorjewna! Ein gehässiges Weib!

Ich wollte die Wahrheit gar nicht wissen, habe sie überhaupt nicht danach gefragt!

Ärger Dich nicht!

Wenn Du mich trotzdem liebst, mach, was ich gesagt habe, und laß es uns vergessen.

Ich küsse Dich.

Lilja

[Moskau–Riga, 9. Januar 1922]
Teures Lilejchen,

habe Deinen Brief über meine Freizeitgestaltung erhalten. Eine höchst tendenziöse Information. In Wirklichkeit ist das alles sagenhafter Blödsinn. Aber vorerst bin ich davon ziemlich verstört. Der einzige Trost – vom ersten Moment der Bekanntschaft an konnte ich mich wie auch andere davon überzeugen, daß diese Frau ein schrecklicher Plunder ist, nur Ljowa hat mir nicht ge-

W. Majakowski, 1922. Auf dem Bild steht: Für das geliebte rotbraune Kätzchen, das ich in zwei Wochen sehen werde.

glaubt, aber mit Deiner Hilfe glaubt er's nun auch. Nicht mehr als Du gehöre ich zu »dieser Gesellschaft«.

Blödsinn hin Blödsinn her aber enttäuscht bin ich doch.

Am Donnerstag schreibe ich Dir einen Großbrief.

Am Donnerstag kommt Elberg. Ein prima Kerl!

Am Donnerstag sende ich Dir ein Maximum über den Verlag.

Ich küsse Dich mein Liebes mein Herz. Erwarte dich 9/I 22

Dein

[Moskau, Frühjahr 1923 (?)]

Wolodjalein,

dumm, es zu schreiben, aber vorläufig können wir nicht miteinander sprechen.

So wie bisher dürfen wir nicht mehr leben. Ich will es nicht mehr, keinesfalls! Wir müssen *gemeinsam* leben; *gemeinsam* verreisen. Oder – uns trennen, zum letzten- und ein für allemal.

Was erwarte ich. Jetzt sollten wir in Moskau bleiben, uns um die Wohnung kümmern. Möchtest Du denn nicht menschlich mit mir leben?! Dann erst mag alles andere sein – ausgehend von unserer Gemeinsamkeit. Wenn von dem Geld was übrigbleibt, können wir im Sommer eine Reise machen, einen Monat vielleicht; das Visum wird schon zu kriegen sein; dann kannst Du Dich auch um Amerika bemühen.

Mit alledem müssen wir sofort beginnen, freilich nur, wenn Du willst. Ich für mein Teil will es sehr. Müßte das nicht famos und interessant werden? Jetzt könntest Du

158

mir gefallen, könnte ich Dich lieben, wenn Du *bei mir* und *für mich* da wärst. Wenn wir, egal wo wir tags gewesen sind, was wir tags gemacht haben, abends oder nachts *gemeinsam* in einem sauberen bequemen Bett lägen; in einem Zimmer mit sauberer Luft; nach einem warmen Bad!

Stimmt das etwa nicht? Du meinst – wieder Spitzfindigkeiten, wieder Launen?

Denk ernsthaft darüber nach, wie ein Erwachsener. Ich habe auch lange nachgedacht, *für mich*. Und habe mich *entschieden*. Wie möchte ich, daß Du Dich über meinen Wunsch und meine Entscheidung freust und Dich mir nicht nur unterordnest! Ich küsse Dich.

Deine Lilja

[Paris–Moskau, 9. November 1924]

Teure teure liebe liebe geliebte geliebte Lili,

ich wohne in Elsas hotel (29 rue Campagne Première Istria Hôtel) habe Dir die adresse nicht telegrafiert weil Elsa sagt die briefe auf ihre alte adresse kämen bestens an. Sie kommen auch bei mir an – *wenn Du mir schreibst*. Mache mir furchtbare sorge um Dich. Und um die lyrik und die umstände. Was ist mit den büchern und den verträgen?

Vom bahnhof paris hat mich keiner abgeholt weil das telegramm erst 10 minuten vor meiner ankunft eintraf habe selbständig zu Elsa gefunden mit meinem französisch. Bin trotzdem in Elsas hotel gezogen weil es das billigste und sauberste hotelchen ist und ich sparen und mich nach möglichkeit nicht rumtreiben will.

Vertrage mich mit Elsa und André sehr gut habe ihr von Dir und mir einen pelz kredenzt essen früh und mittag zusammen.

Bin viel mit Léger unterwegs ging zu Larionow aber traf ihn nicht an. War sonst nirgends nur im theater. Gehen heute essen – Elsa Tamara und Chodassewitschs.

L. Brik und W. Majakowski in ihrer Wohnung
in der Wodopjany-Gasse, Moskau 1924

Nicht der Dichter natürlich! War einmal [bei] Sdane-witsch aber der ist verliebt und hockt unter irgendeinem damenfittich.

Kleide mich unter Andrés leitung stück für stück ein habe schon hühneraugen vom anprobiern. Enthusiasmus empfinde ich dabei aber nicht.

Widmeten gleich den ankunftstag Deinen wünschen bestellten ein feines köfferchen für Dich kauften die hüte schicken alles sowie schweins[leder]koffer fertig. Das parfüm ist schon unterwegs (aber kein liter – soviel schaffe ich nicht) – ein fläschchen wenn es heil ankommt schicke ich nach und nach noch welche. Obendargeleg-tes ist also geschafft mache mich nun an die pyjamachen!

Sammle für osschen werbematerial und plakate. Wenn ich die genehmigung kriege fahre ich noch bißchen in kleine französische städte.

Schlimm ohne sprache.

Sah heute im wald von Boulogne ein junges schott-chen hätte beinah geheult. Fürchte zwar als provinzler zu gelten habe aber überhaupt keine lust zum reisen, strebe nur immer zu meinen Versen zurück!

Alles öde ohne Dich, öde, öde, öde.

Auch ohne osschen ist es nicht besonders. Liebe Euch zu sehr!

Bei jeder ähnlichen intonation von Elsa verfalle ich in sehnsüchtige sentimentale lyrik.

Solch farblose briefe habe ich wohl lange nicht mehr geschrieben aber erstens bin ich literarisch vollkommen ausgemolken und zweitens ist alle lustige lebensfrohe selbstgewißheit weg.

Schreib mir Sonnchen.

Ich habe Elsa Deinen brief stibitzt (Du schreibst ich fehlte Dir und würde Dir fehlen) und in meinen koffer eingeschlossen.

Ich werde Dir schreiben telegrafieren auch (Du auch!) hoffe demnächst wieder aufzuheitern. Dann werden es auch die briefe tun.

L. Brik und W. Majakowski auf der Krim, 1926

Ich küsse Dich kindchen küsse osschen von mir
Euer Wol.
Küsse an Ljowchen Kolchen Xanchen und Lewin sie
sind alle hundertmal klüger als alle Picassos.

V. Majakowsky

9/XI 24   Paris (Paris bin ich aber nicht!)

[Simferopol, 8. Juli 1926]

Teuer-teures, trautes, liebes und geliebtes Mäuzchen,
wie komisch es auch gemeint ist, aber ich schreibe aus
Simferopol.

Heute fahre ich nach Jewpatorija und übermorgen
nach Jalta zurück (wo ich Eure Telegrämmerchen und
Brieferchen erwarten werde).

Das Odessaer Geld ist alle, und ich muß mit Lesungen
rumsausen, um was zu verdienen.

Leider bringt das kaum was ein. Zum Beispiel, in Sewastopol weigerten sie sich, vertragsgemäß zu zahlen
(die Veranstalter, die sich auch noch Moprer nennen),
und ließen sogar die Veranstaltung platzen – sagten sie

162

einfach ab und bepflasterten mich öffentlich mit allerlei, meinem Geschmack nach unnetten, Ausdrücken. [...]

Ich bin noch kein bißchen braun, die Nase wirft schon das dritte Fell ab, und ich trage sie wie eine Purpurflagge. Man könnte meinen, ich wäre häßlich.

Das mir Peinlichste dabei – daß Du womöglich ohne einen Groschen dasitzt, Dich alle belagern und Ossi nicht weiß, womit er an die Wolga kommen soll. Wenn das so weitergeht, bin ich in ein, zwei Wochen wieder in Moskau.

Ohne Euch, meine Einzigen, ist alles öd und unmöglich. Auch hier gibt's nichts Neues für mich – auf dem Tschetyrdagh und dem Aj Petri passiert nichts, allenfalls schöne Aufgänge, aber davon berichten nicht mal die Zeitungen mehr.

Wenn Ihr mir nicht alles, alles, alles von Euch schreibt, fange ich auf der Stelle an, vor Langerweile auszusterben.

Ich küsse Deine sämtlichen, sämtlichen Pfötchen und Köpfchen und Ossja auf die Glatze. Bitte liebt mich und vergeßt mich nicht, dann bin ich ganz Euer

Wäuu

8/VII 26

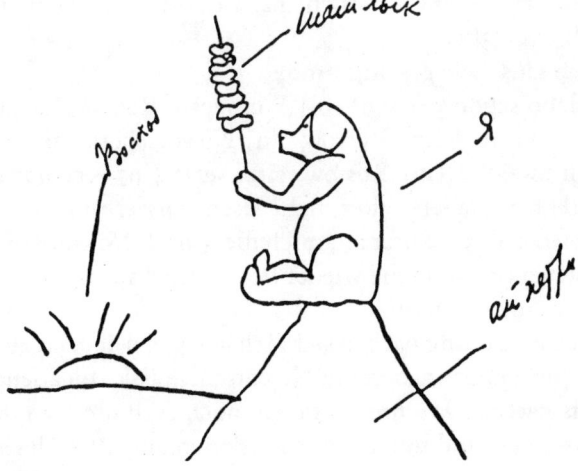

163

[Jewpatorija–Jalta, 23. Juli 1926]
Freitag

Mein liebes Wauchen, wir drehen was das Zeug hält, nur nicht nach Eurem Drehbuch. *Die Kolonien sind blendend interessant!*

In Jalta bin ich am 5. oder 6. Bitte, *warte mich* unbedingt *ab.* Ich möchte noch für einen Tag nach Bachtschissarai. Wenn Du willst, können wir uns dort treffen – in diesem Fall telegrafiere mir umgehend, dann übermittle ich Dir, wann ich genau dort bin und in welchem Hotel ich wohne. Ich fahre mit Vitja.

Obwohl Du ein kleiner Schuft bist, weil Du nicht mal telegrafierst, küsse ich furchtbar zärtlich Dein unüberschaubares Schnäuzchen und Hälschen.

Deine Lilja

Habe das Wichtigste vergessen!
Montag überweise ich Dir telegrafisch das Geld.

[Krasnodar–Moskau, 29. November 1926]
Teuer-teures, trautes,
liebes und geliebtes
mauziges Fuchskindchen,

ich habe wilde Sehnsucht nach Dir und schreckliche nach Euch allen.

Ich sause wie gesengt umher.

Habe schon gelesen: [in] Woronesh, Rostow, Taganrog, noch mal [in] Rostow, [in] Nowotscherkassk und noch zweimal [in] Rostow; sitze jetzt [in] Krasnodar, werde heute abend aber nicht lesen, sondern krächzen. Flehe die Veranstalter an, mich nicht nach Noworossijsk zu schleppen, und die wieder flehen mich an, noch nach Stawropol zu fahren.

So eine Lesung hat's in sich. Ich lese jeden Tag, las zum Beispiel am Sonnabend in Nowotscherkassk von abends 8 bis nachts 12; wurde gebeten, noch früh um 8 in der Universität und um 10 im Kavallerieregiment zu lesen, konnte aber nicht zusagen, weil ich um 10 nach Rostow weitermußte, um von 1 bis 4.50 beim Rapp und um 5.30 in den Leninwerkstätten zu lesen, was ich keinesfalls absagen konnte: für Arbeiter und unentgeltlich!

Rostow ist auch keine Rose!

Der Ortschronist sagte, als wir beide durch die Straßen schlenderten: »Da meint man, das Genie und das Böse seien unvereinbar, aber in unserem Rostow haben sie sich vereint!« In der Übersetzung heißt das – vor einigen Monaten sind dort die Abwasser- und Wasserrohre gebrochen und haben sich vereint! Jetzt darf man kein rohes Wasser trinken und abgekochtes nicht später als vier Stunden nach dem Kochen, sonst bildet sich ein gewisser, wie gesagt wird, »Bodensatz«.

Du kannst Dir also vorstellen, was ich in Rostow gemacht habe!

Ich trank nur Narsan und wusch mich mit Narsan, schrubbte mich damit, so daß ich immer noch von oben bis unten zische.

Drei Tage habe ich weder Tee noch Suppen angerührt.

Dieses Intellektuellenleben!

Auch von der geistigen und romantischen Seite ist es nicht alle Welt.

Ein einziges romantisches Erlebnis, dazu ein ziemlich komisches.

In Nowotscherkassk. Nach der Lesung lud mich der Chemieprofessor in sein Kabinett ein und tränkte mich beharrlich mit eigenem Wein von eigenen Trauben aus uni-eigenen Kolben und Reagenzgläschen und sagte mir nebenbei seine 63jährigen Gedichte auf. Da es ein vorzüglicher Wein war, es außer allen möglichen »Manganen und Anhydriden« aber keinen Imbiß gab, kam ich recht schnell in Stimmung und mußte mich mit diesem in die Poesie verliebten Chemiker küssen.

Die Kölbchen sind hauchdünn, schon wenn man sie nur auf den Tisch setzt, gehen sie kaputt; ich merkte das bald und wollte mich an mein flaches Glas halten, fand aber nur noch den Einsatz, Studenten hatten es als Andenken geklaut, zwar hat die Uni keinen Verlust, aber nun graule ich mich vor Rostow noch mehr und bin vollends entwaffnet.

Zum Geschirrwaschen muß man Narsan abkochen, wie aber sieht man, wann Narsan kocht, da es immerzu zischt und sprudelt?!

Das Leben ist gefährlich, wie die Schriftstellerin Elsa Triolet sagt.

Das ist alles, was los war. Sind die Gelders angekommen? Ich hab sie per Post geschickt, damit sie Dir gleich ins Bett gebracht werden.

Weiß noch nicht, ob ich nach Kiew fahre, wie sehr es sein muß, so sehr mag ich nicht.

Fahre ich nicht – bin ich Sonntag oder Montag in Moskau, sonst Dienstag, Mittwoch.

Vergiß mich nicht, mein Herz, ich liebe Dich schrecklich und bin schrecklich Dein

Wau

Küsse Osschen von mir.
Krasnodar, 29/XI 26
   Osschen, sieh nach Lef, sei geküßt.
   Dein Vize W o l

[Paris–Moskau, 20. Oktober 1928]

Teures, wunderbares, liebes und geliebtes Mäuzchen,

Bin leider in Paris, das ich bis zur Besinnunglosigkeit, bis zu Ekel und Erbrechen satt habe. Heute fahre ich für einige Tage nach Nizza (Bekanntinnen sind aufgekreuzt) und entscheide dort, wo ich ausspannen werde. Entweder bleibe ich 4 Wochen in Nizza oder fahre nach Deutschland zurück.

166

Mrs. Elly Jones mit ihrer Tochter Patricia. Nizza, 1928
(s. Anmerkungen S. 246)

Mrs. Helen Patricia Thompson, W. Majakowskis Tochter.
New York, 1990 (s. Anmerkungen S. 247)

Ohne Erholung kann ich nun mal nicht arbeiten!

Klar, daß ich es in dieser für mich mausetoten Gegend keinen Tag mehr als zwei Monate aushalten werde.

Die Dinge hängen noch in der Luft.

Piscator ist vorläufig abgebrannt. Von Pariser Auspizien keine Spur (die Lesungen Läppereien), meine einzige Hoffnung ist »Malik« – er will einen Vertrag mit mir machen, je nach Qualität des Stückes (schreibe unter Zeitdruck). So stehe ich vor den Autos nur erst mit triefendem Maul – habe extra den Autosalon besichtigt.

Rutman konnte ich nicht finden, er soll verreist sein. Den Kaviar hat Herzfelde gekriegt – dafür, daß er für Rutman Papirossy besorgte.

Sćhalito will die Chronik schicken, hat allerdings verwundert die Ärmchen ausgebreitet und statt der Ausschnitte irgendeinen ganzen Kulturfilm angeboten.

Von den Künsten ertrage ich nur das Kino, da gehe ich jeden Tag hin. Die Maler und Poeten sind widerlicher als glitschige Austern. Alle verschimmelt. Ihr Treiben ist

168

vollkommen pervertiert. Früher haben die Fabrikanten Autos gemacht, um Bilder zu kaufen, heute machen die Maler Bilder, um Autos zu kaufen. Das Auto ist für sie sonstwas, nur kein Mittel zur Fortbewegung. Dennoch ist das Mittel zur Fortbewegung unverzichtbar.

War Gen. Chaikis da? Ein ganz Lieber.

Ich liebe und küsse Dich, meine Einzige, umarme Osschen und drücke Bulka.

Dein Wau

Im Telegramm war ein Berliner Wau.

Dank für den Brief.

Schreibe, Kindchen!

20/X 28

[Moskau–Paris, 2. November 1928]

Wauchen!

[...]

Ich habe mein Filmchen fertig – außer dem einen Teil, der noch aus Berlin kommt. Habe ihn der Direktion vorgestellt, alle waren zufrieden. Arustanow sagt, der Film sei »glänzend« (finde ich nicht), und drängt mich, das nächste Drehbuch zu schreiben (hat am Thema Feuer gefangen), so daß mir Arbeit gesichert ist. Die Direktion will ihn nicht im »Artes« laufen lassen, dafür aber im »Colosseum« und im »Ars«. Morgen früh führe ich ihn der kommerziellen Abteilung vor – glaube nicht, daß die einverstanden sind!

Osschen gefällt er auch *sehr*. Er meint, er sei sehr »elegant« gemacht und hervorragend »montiert«, und Kulischow – er hätte die Montage nicht besser gekonnt. (Habe sie allein gemacht, ohne Vitali.) Kurz, ein voller Erfolg. Ich bin schrecklich froh, obwohl ich es (Ehrenwort!) für tief ungerecht halte!

169

L. Brik mit ihrem Renault, den W. Majakowski für sie in Paris gekauft hatte. Foto von A. Rodtschenko, 1929

Obiges lies bitte Eli vor. Warum schreibt sie mir nicht? Du hast geschrieben, Du wolltest nach Nizza, aber die Telegrammchen kommen weiter aus Paris. Bist Du nicht hingefahren? Wann erholst Du Dich endlich?! Du elendiger Wau! Ich höre noch mal ganz auf, Dich zu lieben!!!

Was ist mit René Clair? Wenn das Geld nicht ausreicht, überweise wenigstens (über Amtorg) 450 Dollar für ein Fordchen ohne Ersatzteile. Ersatzteile für einen Ford kann man schlimmstenfalls auch hier kriegen.

U-uu-uuu————————!!!?

Sag Eli, sie soll noch mehr von den Strümpfen kaufen, die ich Dir als Muster mitgegeben habe, und drei Paar absolut glänzende, und zwar so, daß sie ordentlich glänzen und doch nicht zu hell sind. Du besorg noch etwa 3 Paar and[ere] v[erschiedener] G[röße] und bitte Eli, ein Fläschchen von Njutas feinem Wässerlein dazuzuholen.

Warum schreibst Du nicht? Wüßte ich zu gern!

Pudowkins fahren demnächst nach Berlin.

170

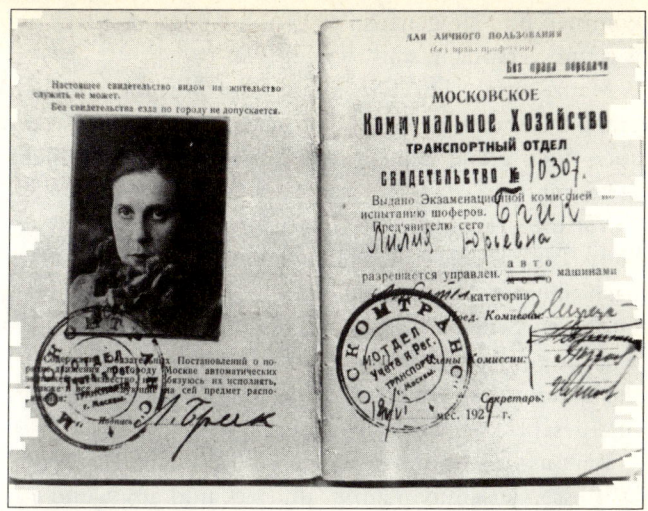

L. Briks Führerschein. Sie war eine der wenigen Frauen in Moskau, die zu dieser Zeit Auto fahren konnten.

Wie bitte ich Dich, Wolosschen, Dich wenigstens ein kleines bißchen irgendwo zu erholen.

Sei umarmt, mein liebes Scheuseel, und furchtbar zärtlich geküßt.

Dein [Kätzchen]

Küß mir Elis Schnute. In der Presse wurde gemeldet, daß ihr Büchlein erschienen ist, aber im Handel ist es noch nicht zu haben.

Morgen rufe ich Tichonow an.

[Moskau, 19. März 1930]

Teure, liebe und geliebte Mauz,

Dank für die Kärtchen und den Brief. Bulka hat Schneid neugierig beäugt, sich von den anderen Karten aber gekränkt abgewandt. »Ach so«, sagte sie, »Mauz trägt jetzt alle möglichen mondänen Löwchen auf dem Arm und hat unsereins vergessen.« Ich redete ihr gut zu – Du hättest sie nicht vergessen, Du würdest wiederkommen und sie genauso tragen. Sie beruhigte sich etwas und versprach, sich zu gedulden.

Mauz, wenn Du Dir meine Aufführung ansiehst, schicke unbedingt einige Fotos. Solltest Du den Fotos auch noch graue Flanellhosen beilegen, wäre ich nicht beleidigt.

Vor drei Tagen war die Uraufführung von »Schwitzbad«. Bis auf Einzelheiten hat sie mir gefallen, die erste nach meiner Vorstellung inszenierte Sache von mir. Großartig Strauch. Das Publikum ist kurios zwiegespalten; die einen sagen: habe mich noch nie so gelangweilt; die anderen: habe noch nie so gelacht. Was weiter gesagt und geschrieben wird – wer weiß.

Bei uns sind immerzu dieselben. Kein einziger Neuer. Wir essen zusammen am 5. und 20. und am 7. und 12. und brüsten uns voreinander mit Deinen Ansichtskarten. [...]

Alle schreiben Dir und Euch und lieben Euch wie immer, einige (wir) aber auch mehr, weil sie große Sehnsucht nach Euch haben.

Anfang April, wie es aussieht, fahren die Meyerholds nach Berlin. Die »Wanze« werden sie nicht mitnehmen, aber allzusehr protestiere ich nicht, mein Standpunkt: sie soll lieber in Saratow gefallen. [...]

Die jungen Refler haben allerdings Sehnsucht nach Ossja.

Schreibt, Ihr Lieben, und kommt bald wieder. Wir küssen Euch immerdar Eure

Küsse an Elsa und Aragon.
19/III

172

Briefwechsel
mit Ossip Brik

Riga, 29. 10. 21

Mein Sonnenschein Mauz Osschen! Ich und Dich
nicht mehr lieben?! Unsäglich liebe ich Dich!! Muß immerzu an Dich denken!

Daß Euch meine Kurierbriefe über Gai nicht errei-
chen, ist ja wirklich schlimm. Von nun an schreibe ich
nur noch per Post.

London ist wieder ein Stück näher gerückt – Mutter
hat sich dahintergeklemmt und hofft, daß es klappt. Anfangs war ich ganz niedergedrückt – sehnte mich furchtbar nach Dir und Wolodchen. Inzwischen habe ich mich
nervlich erholt und haben sich Bekannte eingestellt.
Abends ist um mich kein schlechteres Getümmel als in
Moskau, so daß ich wieder etwas aufgelebt bin. Gehe
meistens ins Kino oder in ein Lokal, mal mit diesen, mal
mit jenen. Mein Zimmer im Hotel sieht wie eine
möblierte Studentenbude auf der Bühne aus. Gut, daß
das Öfchen jeden Tag tüchtig geheizt wird, es immer

175

reichlich Heißwasser gibt, es die Sonnenseite und außerdem alles schön sauber ist.

Von Elsa kam ein langer, ausführlicher Brief, sie verträgt sich mit André sehr gut, nur läßt ihre Gesundheit zu wünschen übrig, fortwährend irgendwelche Behandlungen, obwohl sie nichts Ernstliches hat und der Arzt ihr sogar empfiehlt, ein Baby zu kriegen.

Habt Ihr das Päckchen, das ich der Delegation mitgab, schon erhalten? Paßt auf, daß Ihr's nicht versäumt! Mutter hat Dir aus London Schuhe, Socken usw. geschickt – auch da paß auf!

Lies Wolodchen alles vor – möchte nicht zweimal dasselbe schreiben.

Ich liebe Dich, mein Schatz, mein süßes kleines Söhnchen, mein Püppchen! Wie könnte ich Dich vergessen!

Ich küsse inniglich alle Deine vier Pfötchen [...].

Deine Mauz Lilja Brik

PS: Winokurs Frau bringt mir das Schachspielen bei!

Moskau, 11. 8. 29

Mein liebes, süßes Osschen!

Mach Dir keine Sorgen um mich: ich bin gesund und munter, und heute ist Wolodja gekommen.

Wir haben 4 Tage gedreht. Das Zimmer des Kameramanns ist recht ordentlich geworden. Die anderen Teile haben wir noch nicht gesehen.

Pudowkin ist mir furchtbar behilflich. Ich weiß gar nicht wohin mit meiner Dankbarkeit!

Wir wollten unsere Heldin mit Bulka filmen. Brachten Bulka ins Studio, aber da machte sie einen unheimlichen Rabatz!

Kläffte, riß an der Leine, fuhr gegen jeden los ... geriet in einen solchen hysterischen Zustand, daß wir abbrechen mußten. Als wir nach Hause kamen, drückte sie sich in eine Couchecke und schlief wie ein Steinchen bis zum nächsten Morgen.

176

Das Radio erzählt einen Quatsch, daß einem die Ohren schlackern.

Wolodja kam mit dem festen Vorsatz wieder, sich ein Haus zu bauen und sich im Ausland ein Auto zu beschaffen. Auf der Krim war es scheußlich – er war dort wieder krank.

Pascha hat Riesenmengen Konfitüre eingekocht. Überhaupt ist unser Haushalt gut in Schuß: jeden Tag wird gewischt, und überall hängt Fliegenpapier.

Wolodja hat in Jewpatorija Assejews und Stanchen Gurwiz mit Frau getroffen.

Kolja Assejew ist glücklich und zufrieden, daß er für »Lef« nichts schreiben muß. Wolodja träumt von einer Zeitschrift in der Art von »Ogonjok«, mit einer Auflage von hunderttausend!!!

Ich bin ungeheuer froh, daß Du mal ausspannst. Küsse Shenchen recht fest von mir, sag ihr, sie soll futtern, was sie nur kriegt, in Moskau kann sie wieder abmagern.

Komm dick wieder, auch mit dicken Nerven. Jedem im Studio schärfe ich ein, Dir nichts von der Arbeit zu schreiben. Weiß nicht, ob sie auf mich hören.

Ich küsse alle Deine Pfötchen, Dein Glätzchen und Schnäuzchen.

Auch ich liebe Dich über alles auf der Welt.

Deine Mauz

Moskau, 4. 1. 33

Teure, angebetete Mauz!

Hier alles wie ehedem. Aragons wohnen still für sich – stören keinen, aber sind auch nicht behilflich. Natascha rennt ständig nach Zuteilung. Fanny Jefimowna macht Maniküre. Wir spielen Ramsch.

Zum »Sammelband« haben wir noch keine verbindliche Antwort; doch es wird sich schon alles regeln.

Assejew ist endgültig »weg vom Pfade der Ausschweifung«. Xana war da und weinte.

Klawchen hat Mumps. Es geht ihr sehr schlecht. Sjoma spendet ihr Trost.

Wassja Katanjan ist ganz stolz auf sich. Er hat Leonow in der »Wetschorka« tüchtig verbellt, und alle lobpreisen ihn.

Jelena Juljewna ruft häufig an, läßt sich aber nicht sehen. Ich trete kurz. Mache einiges mit Oleg Leonidowitsch und übersetze zum eigenen Vergnügen Aragon und Alberti (ein Spanier).

Du kannst Dich freuen: aus dem Drehbuch »Das Manifest« ist allem Anschein nach nichts geworden, und der gezahlte Vorschuß soll auf ein anderes Drehbuch gehen, das sie dort bestellen wollen. Das Thema übrigens sehr gut, unsers. Die Geschichte eines Ausbruchs aus dem Nowinsker Frauengefängnis. Ich habe Dir davon erzählt. – In dem Drehbuch wird auf jeden Fall Wolodja figurieren – wie er zu Mortschadse mit seinen Zeichensachen kommt und in die Falle tappt. Wahrscheinlich wird es (das Drehbuch) für Barnet geschrieben.

Ich denke, Du weißt, daß ich von Dir einen sehr ausführlichen Brief erwarte. Und daß ich Dir böse bin, wenn er ausbleibt.

Viele Küsse an V. M., sag ihm, wenn er mal Lust hat, möchte er mir doch bitte seine Eindrücke schreiben.

Ich habe Dir 1 Telegramm zum Neuen Jahr und 1 Brief gesandt. Ist das angekommen?

Ich küsse Dich ganz fest und herzlich.

Schreib mir bitte.

Dein Ossja

Moskau, 10. 1. 33

Teure, goldene Mauz!

Shenja und ich waren heute im Bolschoitheater, sahen uns Schebalins »Lenin« zu Wolodjas Text an. – Schlecht. – Einfach unmöglich, wenn Wolodjas Verse von einer piepsigen Sängerin oder einem Frauenchor gesungen werden, die noch dazu ein und dasselbe Wort zwanzigmal wiederholen. Überhaupt ist das Sinfonieorchester hoffnungslos überaltert! »Sowetskoje iskusstwo« möchte von mir einen Artikel darüber haben. Den sollen sie kriegen, und zwar mit einem Epigraph aus der »Wolke«:

Ihr Schmachtenden
laßt Violinen von Liebe tschilpen.
Die Liebe der Gröberen auf Pauken dröhnt ...*

Ich werde schreiben, nicht der Komponist sei schuld, sondern der ganze vergreiste Musikapparat. Bei Tschernyschewski findet sich der großartige Satz: »Musikwerke sterben mit den Instrumenten, für die sie geschrieben wurden.« Und Schebalin hat seine Musik für Instrumente geschrieben, die längst am Rande des Untergangs sind.

Wer zu Versen von Wolodja eine Musik schreibt, muß in der Musik genauso eine Revolution machen wie Wolodja in der Poesie. Sonst wird Unfug daraus.

Als »Musik an sich« ist es nicht schlecht, aber auch nicht sonderlich gut. Ein Oratorium. Kulturvoll und langweilig.

Shelobinski hat mir geschrieben. »In einer Woche ist ›Der Bauer von Kamarin‹ fertig«, schreibt er. »Jetzt bin ich in einer seltsamen Stimmung – einerseits Freude, daß ich eine insgesamt nicht schlechte Oper zustande gebracht habe, andererseits Bedauern – schade, daß schon Schluß ist. Überlegen Sie sich was zu ›Fiktive Ehe‹? Ich würde im Frühjahr gern anfangen.«

Solch ein Brief tut einem natürlich wohl. Sh. hat also mit Interesse und Freude gearbeitet.

Die Arbeit am Theater läuft auf Hochtouren. Samossud gefällt besonders die Musik des zweiten Aktes. »Das

---

* Deutsch von Hugo Huppert

Lied der Aljona«, schreibt Shelobinski, »macht sich gut, glaube ich.«

Bin auf die Uraufführung gespannt.

Kätzchen! Solltest Du irgendwo was Interessantes über neue Musik finden, über neue Instrumente z. B., neue Gesangsarten, die so sind, daß man den Text versteht, über die »discuse«, über »Flüsterbariton« und dergleichen, und *sollte* es Dir zugänglich sein, so schicke es mir doch bitte. Oder lies es durch und schreibe es mir auf. Ich will darüber schreiben und ein bißchen Krach schlagen.

Hier alles beim alten, nichts Neues. Aragon ist zufrieden. Er ist weggegangen von MORP und übersetzt nun im Auftrag der Komintern eine Marx-Broschüre aus dem Englischen ins Französische; Marx hat sie auf englisch geschrieben.

Nataschas Mann ist da, ein Kolchosbauer, sie strahlt wie ein Geburtstagskind. Er konnte ewig nicht nach Moskau kommen, weil sein Kolchos ihm keinen Paß gab.

Ich habe »Uskoje« beantragt. Mal sehen, vielleicht kann ich am 20. für eine Woche hinfahren.

Mach's gut, meine liebe kleine Mauz, sei ganz, ganz fest geküßt. Ich habe Dich sehr lieb. Shenja läßt Dich fest und herzlich küssen. Sie will Dir einen langen Brief schreiben.

Dein Ossja

M[oskau], 14. 1. 33

Mein geliebtes kleines Mäuzchen!

Die Einweisung ins »Uskoje« habe ich bekommen, am 16. fahren Shenja und ich hin, machen zwei Wochen Urlaub. Es soll dort sehr schön sein.

Richter hat mir alles gebracht. Alles ganz prächtig. Besonders die Hemden und die »Herbe Ganznuss-Schocolade«. Nur was bist Du doch für ein schlimmer En-Gros-Käufer! Sei dafür kräftig geküßt.

W. Majakowski und O. Brik in Berlin, 1923

Die »Majakowski-Brigade« veranstaltet einen Wettbewerb im Rezitieren von Wolodjas Gedichten, und zwar für *Nicht*professionelle. Erst war ein Vorausscheid, der 3 Tage dauerte. Riesenansturm – an die 300 pro Abend, nur Jugend. Es wurde ganz prima rezitiert.

Am 15. ist der eigentliche Wettbewerb. Und am 9. war ein großer Abend im Polytechnischen Museum. – Das kommt alles sehr gelegen. Man muß endlich ein bißchen Skandal machen. »Zurück zum gelben Hemd!« – Übrigens vor genau 20 Jahren ist »Eine Ohrfeige dem öffentlichen Geschmack« erschienen.

Mutter scheint ihre Sache zu überwinden. Der Arzt sagt, das eine Auge sei schon viel besser. Das andere muß operiert werden. Aber das ist nicht weiter gefährlich. – Vielleicht geht alles doch noch gut, sonst täte sie mir furchtbar leid.

Mit Richter sprach ich über »Kleopatra«. Er schlägt vor, ein Stück für Melzer daraus zu machen. Ich will es versuchen, vielleicht schaffe ich es. Zu einem Ton-Drehbuch habe ich überhaupt keine Lust. Ein Filmdrama mit

Ton ist doch was zu Blödsinniges. Wirklich! Ein Foto, das mit Menschenstimme spricht.

»Basarow« wird bei Wachtangow gemacht. Darüber hat sogar schon die Presse etwas verlauten lassen. Beim »Semperante« nimmt alles seinen Gang. Oleg Leonidowitsch ist begeistert.

Stanislawski hatte seinen 70. Und alle schrieben darüber und gratulierten ihm. Katschalow schrieb, Stanislawski könne man am besten mit den Zeilen von Wolodja charakterisieren:

Kein graues Haar findet sich in meiner Seele;
keinen Zartsinn, altersschwach, in mir nähr ich.
Die Welt andonnernd aus der Wucht meiner Kehle,
schreit ich, ein schöner Kerl,
zweiundzwanzigjährig.*

Toll, was?

Schön, Mäuzchen, ich küsse Dich ganz furchtbar lieb und fest. Und warte auf Deine Briefe. – Küsse V. M. von mir, und bitte vergiß mich nicht.

Nochmals viele Küsse.

Dein Ossja

Uskoje, 20. 1. 33

Süße kleine Mauz!

Jetzt sind wir im »Uskoje«, Shenja und ich.

Hübsch hier. Wir haben ein eigenes Zimmer, ein sauberes, warmes. Schlafen den ganzen Tag. Man kann sich durchaus erholen.

Hier ist eine Bibliothek. Ich lese alle möglichen Schwarten, die ich in Moskau nicht anrühren würde. Würde gar nicht in die Verlegenheit kommen. Auch nicht schlecht.

---

* Aus »Wolke in Hosen«, deutsch von Hugo Huppert

Hör mal, interessant: Als Mussorgski dem Bolschoitheater seine Oper »Boris Godunow« brachte,
wurde sie ihm nicht abgenommen; *keine weibliche Rolle*,
das ist langweilig (!), hieß es. – Da baute er die Marina
ein, vorher war sie nicht da. Es hat sich eben gar nichts
geändert!

Mäuzchen! ich schreibe mit Bleistift, weil die Tinte
miserabel ist.

Schreib mir unbedingt, obwohl ich im »Uskoje« bin.
Deine Briefe werden mir zugestellt. Un vor allem – am
1. Februar bin ich schon wieder in Moskau.

Sei ganz lieb und fest geküßt.

Dein Ossja

M[oskau], 1. 2. 33

Liebste, süße Mauz!

Du warst am Telefon wunderbar zu hören! Wie von
dicht nebenan. Ich habe Dich furchtbar lieb.

Aus dem »Uskoje« zurück, fand ich alles in bester
Ordnung vor. Geld ist da, Wanzen sind keine zu sehen,
Elsa ist dick, Aragon fröhlich, Bulka bei Jassenskis, und
Natascha steht und kocht.

Neues weiß ich nicht, weil alle verreist sind: Kolja und
Sjoma nach Leningrad, wo sie eine Lesung haben; Wassja Katanjan nach Tiflis und Ljowa nach Kislowodsk. –
Irgendwo hinzugehen habe ich auch noch nicht geschafft.

Mit dem Sammelband ist wohl alles in Ordnung. Katanjan schreibt noch was, mit seinem Artikel wird's gehen. Ohne ihn hätte ich strikt abgelehnt, den Band in die
Welt zu lassen.

Habe mich im »Uskoje« gründlich ausgeschlafen.
Sterbenslangweilig dort! Aber das hatte auch was für
sich. Nur so erholt man sich.

Gegen Ende kam Anna Nikolajewna Pudowkina dazu.
Sie ist unter die Schriftstellerinnen gegangen. Schreibt

Erzählungen – zotige, oder genauer, »sexuelle«. – Ich selbst kenne nichts davon, Oleg Leonidowitsch hat es gesagt. – Den ganzen Tag saß sie in ihrem Zimmer auf dem Bett und schrieb; die übrige Zeit machte sie Gesichtsmassage, zum Schrecken ihrer Mitbewohnerinnen.

Meine Stimmung ist gut, kampflustig.

Wolodjas Abende sind glänzend gelaufen. Großes Interesse, wie ich hörte. Die Rezitationen waren vortrefflich. Das Publikum freute sich. Veranstalter war Lawut. Kolja Assejew hielt eine gepfefferte Rede – über die heutige Literatur und das skandalöse Verhältnis zu Wolodja und seinem Andenken. – Lawut kriegte es fast mit der Angst.

»Basarow« wird bereits geprobt, im »Semperante« wie auch bei Wachtangow. Werde nachsehen gehen, wie es da aussieht.

Deine Mutter rief an, ich habe ihr Deine Grüße bestellt.

In Moskau machen sich alle mit den Pässen verrückt. Reden nur noch davon! Idioten!

Wir haben gut zu essen. Die Wohnung ist warm.

Du schreibst so wenig über Berlin, was gibt es für neuen Schnickschnack dort, was für Neuheiten in der Werbung: bei Foto und Film? Oder siehst Du nichts Interessantes? Schreib trotzdem.

Ach ja, Mäuzchen! Die Hemden, die Du geschickt hast, sind mir etwas zu eng; und durchs Waschen laufen sie noch ein.

Ich schreibe dies für alle Fälle. Aber zu schicken brauchst Du nichts. Hast mich sowieso schon überhäuft.

Mauz! Ich liebe Dich sehr und küsse tausendmillionenmal Dein süßes Schnäuzchen. Ich werde Dir möglichst oft schreiben, alles, was es Neues gibt, Du schreib mir auch.

Küsse V. M. von mir.

Dein Ossja

Shenja läßt Dich herzlich küssen.

M[oskau], 7. 2. 33

Teure, geliebte kleine Mauz!

Es ist traurig, wenn Du einem nicht schreibst. Wie steht es um V. M.s Gesundheit? Was habt Ihr für Zimmer? Was macht Deine Übersetzung? Darüber mußt Du mir schreiben.

Hier nichts Besonderes. Alles wohlauf.

Sah mir bei Meyerhold die Neuinszenierung von »Vorspiel« an. Ein reichlich simples Stück, aber die Aufführung kann sich sehen lassen. Leicht, nichts Gequältes und viele brillante Regie-Einfälle. Die Darsteller so la-la. Der Inhalt: ein humaner Professor für Chemie fährt nach China, kann dort aber nicht arbeiten, weil die chinesischen Arbeiter unter fürchterlichen Verhältnissen existieren. Er geht nach Europa zurück, doch in Europa ist es, wie er sieht, genauso fürchterlich. Da macht er sich nach Sow.-Rußland auf. – Damit endet das Stück, mit der Abreise. Eine Art Blaubluse, aber gut inszeniert.

Pudowkin und Golownja baten mich, ihnen ein Drehbuch zum Thema Goldgräberei zu schreiben. Ich sagte: »Bitte, mit Vergnügen.« Und morgen kommen sie, um mit mir darüber zu sprechen.

Ich schicke Dir noch Zeitungsausschnitte über eine Inszenierung von »Tschinggis-Chan« in Japan. Ich war in der Redaktion von »Internationalny teatr«, wo das erschienen war, und traf dort den Japaner Seki Samo; der gab mir noch ein paar Fotos von der Aufführung und versprach, mir das Textbuch aus Japan zu besorgen. Das will ich dann übersetzen lassen. Interessant.

»Diktatur des Herzens« haben O. L. und ich abgeschlossen und ans Theater gegeben. Aber die Antwort ist noch nicht da. Inzwischen schreiben wir ein neues Stück, auch ein historisches, über Subatow und Manja Wilbuschewitsch. Eine hochinteressante Geschichte. Die Zeit – 1902–1903. Zur Bekämpfung der revolutionären Bewegung dachte Subatow sich aus, die Arbeitervereine unter Polizeischutz zu stellen, erfand gewissermaßen den

185

»Polizeisozialismus«. Er entfaltete eine höchst geschickte ideologische Propaganda und redete vielen Revolutionären ein, so würde es den Arbeitern besser gehen. Eine von den Vernebelten war die Wilbuschewitsch. Subatow benutzte sie, um diejenigen, die gegen ihn waren, herauszufischen und zu verhaften. Die Wilbuschewitsch wurde objektiv zur Verräterin. Das Ganze endete damit, daß die von Subatow gebildeten Vereine im Süden einen grandiosen Streik machten, der in einen revolutionären Aufstand überging. Es wurden Truppen eingesetzt, und es kam zu Massenerschießungen. Und Subatow flog samt seinem »Sozialismus« aus dem Dienst. Die Wilbuschewitsch verzweifelte an allem und wurde Zionistin.

Soweit das Neuste von mir. – Ich lese viel, kaufe Bücher ein und mache mir so meine Gedanken. Überhaupt fühle ich mich gut, die Nerven tanzen nicht mehr.

Seid ganz fest geküßt, Du und V. M.

Ich liebe Dich sehr und wünsche mir, daß Du mich genauso liebst.

Dein Ossja

Berlin, 25. 2. 33

Mein liebstes Osschen! So lange habe ich nichts von Dir gehört! Bitte schreib mir, und gleich!!!

Demnächst wird Dir ein sehr netter Mensch einen schönen Gruß von mir überbringen, ich war hier mit ihm am häufigsten zusammen. Laß Dir unbedingt das Büchlein von ihm geben, das ich übersetzt habe. Mein Übersetzungsexemplar brauche ich noch, und wozu ein zweites kaufen, wenn er eins hat! Ich bat ihn, es Dir zu geben. Er wird Dir Näheres von mir erzählen.

Aus dem freudigen Anlaß, daß die Übersetzung endlich fertig ist, habe ich gestern ein bißchen auf die Pauke gehauen. Nachmittags trank ich großartig Kaffee zum Grammophongedudel unserer Wirtin, dann ging ich ins

Kino, wo ich mich schrecklich langweilte, und abends in eine Operette; auch da habe ich mich gelangweilt, so sehr, daß ich mittendrin rausging. Und nach der Operette zogen wir in ein Restaurant und speisten Austern – das war schön. Heute wasche ich mir den Kopf und mache Maniküre... Morgen früh kommt Vitali zurück. Er ist mit der Reise äußerst zufrieden.

Für morgen habe ich Karten zu »Goldrausch«. Drei Sonntage hintereinander wird je ein Chaplin gezeigt: am nächsten »Zirkus« und am übernächsten »Lichter einer Großstadt«. Kann man sich ansehen.

Bin dick und fett geworden. In den Verschnaufpausen beim Übersetzen habe ich immerfort genascht. Wo bleibt der versprochene Brief von Shenja? Ihr müßt per Luftpost schicken, das kommt schneller an. Sag das auch den anderen. Wie geht es Polina Jurjewna? Woran arbeitest Du? Hat Oleg Leonidowitsch die Krawatte erhalten? Sag ihm zumindest, daß ich sie abgeschickt habe. Ich werde ihm noch eine schicken. Grüß ihn bitte von mir.

Schreibe! Ich bete Dich an, Du mein Einziger. Viele Küsse an alle.

Deine Mauz

Berlin, 21. 3. 33

Teurer, goldener Ossel!

Wir rennen wie wild ins Theater, weil uns Melzer jede Menge Billigkarten geschenkt hat. Gestern – die Reinhardt-Inszenierung im Deutschen Theater »Das große Welttheater«, ein Stück von Hofmannsthal. Schlechter oder genauso schlecht war nur noch der Film von Cecil de Mille »Im Zeichen des Kreuzes«. Du kannst Dir nicht vorstellen, wie schlecht das alles ist! Ich dachte schon, mein Kiefer verrenkt sich, so habe ich gegähnt, aber es gab kein Entrinnen, denn das Stück hat nur einen Akt und dauert zwei ganze Stunden!

Vor drei Tagen waren wir in einer sehr hübschen Komödie – eine Übersetzung aus dem Französischen, über Künstler – wie Geschäftsleute mit Kunstwerken Geschäfte machen und die Künstler im Elend sterben.

Und vor vier Tagen haben wir den Negerfilm »Halleluja« von King Vidor gesehen. Da spielen nur Neger, und sie machen ihre Sache sehr gut, das gefiel mir, ansonsten war alles etwas langweilig und in Form wie in Inhalt vollkommen ungereimt.

Chaplin ist auch nicht der wahre Jakob – rührend und *me lacht.*

Sehr gut nur die »Dreigroschenoper«, der Form wie dem Inhalt nach. Da bekam ich plötzlich Lust, auch mal was zu inszenieren! Dabei soll sie im Theater noch viel besser sein.

Lese einen Kriminalroman nach dem andern. Magalif fuhr uns herum. Wir besichtigten das neue Berlin, New Westend, und Siemensstadt, die von Siemens (Siemens und Halske) für Arbeiter gebaut wurde. Erinnerst Du Dich an die neuen Wohnviertel in Holland? So ähnlich. Straßen im Halbkreis, Balkons, Vorgärten, Farben, Flachdächer usw. Alles noch nicht geknipst. Vitali und ich wollen noch mal hin und Fotos machen.

Meine Hauptbeschäftigung – mich nach Dir zu sehnen und Dich aus ganzer Kraft zu lieben. Ich weiß nicht, was ich tun soll – kann Vitali doch nicht allein lassen, sonst hätte ich noch heute die Fotos gemacht und wäre abgedampft! Jeden Tag reden wir von neuem über die Abreise – er schwankt zwischen Juni und Oktober.

Vergiß mich nicht, mein Mäuzchen.

Ich umarme und küsse Dich

Bis ans Grab Deine Mauz

29. 3. 33

Teure, geliebte Mauz!

Hier alles in Ordnung. Für Mutter habe ich eine alte Frau gefunden, die sich um sie kümmert, aufräumt, das

188

Essen aufwärmt, ihr vorliest, die Wäsche flickt usw. Sie kommt um 12 und geht um 19 Uhr.

Habe sehr viel Arbeit, fast zu viel. Ein Drehbuch für die Gruppe Pudowkin, ein Drehbuch für den georgischen Staatsfilm und noch eins für Buñuel (ein Freund von Aragon) – nach einer Erzählung von Gide. Außerdem Vorträge über Wolodja, Proben zu »Basarow« usw. Meine wichtigste Beschäftigung aber – Bucheinkäufe. Es sind viele Bücher zu haben, alle sehr billig, jedenfalls die, die mich interessieren.

Aragons fahren zwischen dem 1. und dem 5. Mai ab. Sie haben sich hier gut akklimatisiert und werden zurückkehren, nehme ich an.

Ich wurde nochmals gebeten, den Text von »Ein Leben für den Zaren« umzuschreiben, aber das habe ich abgelehnt.

Sprach mit Jutkewitsch über das Ballett. Er wurde an die Leningrader Music-hall geholt, die umgestellt werden soll in ein Theater für Tanz, Gesang, Zirkus und Varieté. Er meint, dort könnte man den »Zigeuner« machen. Warten wir's ab.

Beim Kino nichts von Belang. Pudowkin wird und wird mit seinem Film nicht fertig. Eisenstein hat irgendwas angefangen, wohl eine Komödie. Alexandrow will offenbar eine Tanz- und Gesangsrevue inszenieren. Barnet wird für »Peripherie« sehr gelobt und ist guter Dinge. Kulischow sagte man, er solle aus dem Drehbuch erst ein Theaterstück machen, es der Direktion vorlegen, und wenn die es billigt, dürfe er den Film drehen.

Schreib öfter, und sei es nur eine Ansichtskarte, sonst werde ich unruhig.

Ich küsse und küsse Dich. Liebe Dich von ganzem Herzen. Schreib mir!
Dein Ossja
Küsse V. M. von mir. Dank für seinen Brief.

6. 4. 33

Mein geliebtes einziges Sonnenlicht!

Unser Telefonat wurde so plötzlich unterbrochen, daß ich Dich nicht mal mehr küssen konnte. – So küsse ich Dich jetzt eine Million zweihunderttausendmal!!! – und schreibe Dir einen Brief.

Diesen Monat hatte ich irrsinnig zu tun. Muß unendlich oft über Wolodja sprechen. Am 12. und am 14. sind zwei große Abende im Polytechnischen Museum. Außerdem haben mich verschiedene Klubs für den 11., 16., 17. und 20. eingeladen. Da wird noch mehr kommen. – Dann wollen sämtliche Zeitungen auf die eine oder andere Weise auf den Jahrestag eingehen und bitten um Material. – Das Interesse an Wolodja ist riesig. – Sehr gut kommt der von der »Föderation« herausgegebene Gedichtband an, der, zu dem wir die Auswahl gemacht haben. – Schon alles vergriffen, die ganze Auflage. – Zufällig stellte sich heraus, daß Lengichl, ohne jemanden zu fragen, einen Band mit Wolodjas Gedichten herausgebracht hat, in seiner »Schulreihe«, Auflage 35 000, Preis 85 Kop. – Die Auswahl sagt mir zu, und überhaupt ist es ja gut, daß eine so billige Ausgabe gemacht wurde, trotzdem geht so was natürlich nicht. Katanjan war bei Gichl und legte Protest ein. Sie wollten umgehend nach Leningrad schreiben und klären, wie das zustande kam, außerdem die materielle Seite der Sache in Ordnung bringen.

Am 31. März halte ich an der Universität einen Vortrag, Thema: »Majakowski – vom Lef zur Rapp«, d.h. die Entstehungsgeschichte von Lef, seine Auflösung, dann Ref und Wolodjas Beitritt zur Rapp. Meine Thesen: 1. Wolodja trat der Rapp nicht zufällig bei, denn wir hatten schon die ganze Zeit in Verbindung mit ihr gestanden. 2. Wolodja trat der Rapp bei, ohne von seiner Lef-Haltung abzurücken, nämlich in der Absicht, innerhalb der Rapp-Organisation zu diskutieren. 3. Die Rapp hatte für Wolodja Bedeutung nicht an sich, sondern als

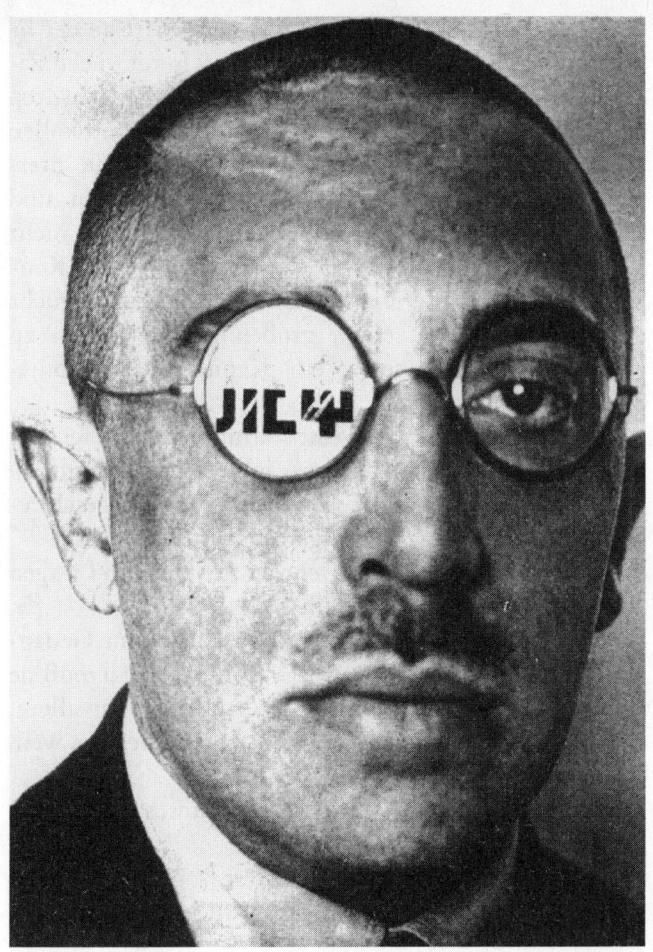

Lef-Mitglied O. Brik. Fotomontage von A. Rodtschenko

Sammelpunkt zur Konsolidierung der Kräfte an der literarischen Front. – Das alles belegte ich mit vielen Zitaten aus »Lef«, »Nowy mir« und anderen Zeitschriften und Zeitungen sowie aus unveröffentlichten Protokollen und Aufzeichnungen. Ein sehr aufmerksames und interessiertes Auditorium. Hauptsächlich Studenten und überhaupt junge Leute. – Eine Stenographin war nicht gestellt worden, doch ich habe ja ein ausführliches Konspekt und alles Material beisammen, so daß es nicht schwer sein dürfte, einen großen Artikel daraus zu machen, vielleicht sogar ein Kapitel für Wolodjas künftige Biographie.

All diese Abende und Veranstaltungen werde ich Dir eingehend schildern. Auch, was in der Presse kommt.

Siehst Du wohl, Mauz, so viel habe ich Dir geschrieben! Schreib mir auch, wenigstens Kärtchen.

Alle interessieren sich furchtbar für Dich und fragen ständig, ob es von Dir was gibt.

Über den Sommer haben wir uns noch keine Gedanken gemacht. Meine Hauptsorge ist Mutter. Ich muß sie dringend irgendwo unterbringen, zudem nicht allein, sondern zusammen mit ihrer alten Frau. Aber wo, weiß ich noch nicht.

Nun ja, Mäuzchen, liebes und geliebtes, sei sehr, sehr, sehr geküßt. Ich liebe und leide.

Und umarme Dich ganz, ganz fest.

Dein Ossja.

M[oskau], 30. 4. 33

Du meine Freude, sehr geliebte, mir sehr kostbare Mauz!

Deine Stimme am Telefon klang traurig, wie tat mir das leid. Stimmt es? Oder habe ich mich getäuscht?

Meine Arbeit läuft wie immer.

1. Das Drehbuch für den georg. Staatsfilm ist abgeschlossen; es heißt »Aul Schapsugur« (eine historische

Filmnovelle aus der Epoche des Kampfs der Bergbewohner gegen den zaristischen Imperialismus, 1857). Ich glaube, es ist gut geworden. – Ich muß es noch abtippen und nach Tiflis schicken. – Dann werde ich wohl selbst hinfahren. – Shenja möchte zu gern mit, ich fürchte aber, das würde zu teuer.

2. »Der Bauer« läuft auf Hochtouren (die Proben). Shelobinski verlangt immer neue Zwischenarien. Da muß ich ran und schreiben, was hilft's. Habe eine für Schuiski geschrieben und für Bolotnikow (vor Beginn des 8. Bildes), jetzt will er noch eine für Paschkow haben. – Eine Oper!

3. Wolodjas Jahrestag lief sehr gut. Eine Menge Veranstaltungen. Allein ich habe bei 10 Abenden mitgemacht. Und viel geschah ohne meine Beteiligung. – Der Grundton der Abende war kämpferisch. Im wesentlichen nicht über Wolodja persönlich, sondern über seine literarische Ausrichtung, seine »künstlerische Methode«. – Das war ganz richtig und gab Wolodja große Aktualität.

4. Die »Basarow«-Inszenierung im »Semperante« ist ins Stocken geraten. Smyschljajew kommt mit dem Stück hinten und vorn nicht zurecht. O. L. und ich hatten uns eine »Durchlaufprobe« angesehen, d. h. alles von Anfang bis Ende. Absolut talentlos. Das Theater teilte unsere Meinung. Es wurde beschlossen, einen anderen Regisseur zu nehmen und die Uraufführung auf den Herbst zu verschieben.

5. Habe in Gedichten von Block und Andrej Bely gegraben und dort Ursprünge für die frühen Gedichte von Wolodja entdeckt. Alles stimmt überein. Fast dieselben Intonationen und Wortfügungen. – Dann las ich die Tage- und Notizbücher von Block, und mir wurde der Grund dafür klar. – Block und Bely waren von einem bestimmten »Demokratismus« berührt, nur sie, im Unterschied zu den anderen Symbolisten vom Typ Brjussow, Balmont und Wjatscheslaw Iwanow. Blocks Demo-

kratismus ist städtisch, Belys dörflich, volkstümlerisch, voll Hysterie. – Von daher die Verbindung. – Sehr interessant, ich grabe weiter.

6. Gestern hatten wir einen literarischen Abend. Auf Elsas Bitte las Erdman seinen »Selbstmörder« vor. Da waren Kirsanow, Sterenbergs, Elbert, Aragons und ich natürlich, nun, alle wohl. – Er hat prächtig gelesen. Alle erkannten ihm zu, daß die Sache sehr talentiert sei, hielten sie aber für ganz unmöglich. Er war anscheinend betroffen, leistete nur schwachen Widerstand.

7. Die Lesung habe ich nicht gehört, mußte mit Oleg Leon. arbeiten, wir schlossen ein Drehbuch ab, etwas über die Berufspraxis patriotischer Piloten, sein Titel »Unter persönlicher Verantwortung«. Für Golownja. – Mir scheint, es ist ganz ordentlich geworden.

8. Pudowkin schnippelt noch immer an »Deserteur« herum. Findet kein Ende. – Fragt man Golownja: »Ist der Film gut?«, so antwortet er ausweichend: »Ein großes Panorama.« Ich weiß nicht, ob das gut oder schlecht bedeutet; nehme an – langweilig.

9. Neulich die »Uraufführung« (!) von »Eugen Onegin« im Bolschoitheater. Alle sagen, das Bühnenbild von Issaak Rabinowitsch sei umwerfend.

10. Mutter dankt Dir herzlich für »Polykarpil«. Das wird jetzt eine Weile vorhalten.

11. Mauz! Die Strickhemden, die Du mir geschickt hast, sind nach dem Waschen eingelaufen und nun zu eng. Ich kann sie nicht tragen. Finde sie aber furchtbar schön. Man sollte sich damit versorgen. Dies schreibe ich für alle Fälle!

12. Wir haben schon des öfteren Ma Jong gespielt. Spannend. Ramsch ist uns endgültig über.

13. Insgesamt macht sich aber das Saisonende bemerkbar. Alle sind marode, schleichen müde umher. Sogar zu Gesprächen zu faul. Man möchte mal ausschlafen.

Das ist auch schon alles, was ich Dir melden kann, Mäuzchen. Das Wichtigste dabei – daß ich Dich furchtbar liebe und große Sehnsucht nach Dir habe. Vergiß das bitte nicht und schreib öfter. –

Ich küsse Dich -zigmillionenmal und noch viel mehr.

Dein Ossja

Küsse vielmals V. M. von mir.

20. 5. 33

Liebe, geliebte, einzigartige Mauz!

Ich sehne mich furchtbar nach Dir und kann kaum erwarten, daß Du wieder da bist.

Da hat Dir Elsa aber was Schönes erzählt, Dich für nichts und wieder nichts verstört. In materieller Hinsicht geht es mir durchaus gut. Das Geld langt. Unsere Lebensmittel kaufen wir auf dem Markt. Und seit Elsa weg ist, geht viel weniger Geld für Essen drauf, weil Aragons mäklig sind und immer mal dies und das nicht mögen. Dabei hatten sie reichlich Geld, wußten damit gar nicht wohin. Sie lebten also verschwenderisch, da mußte ich mithalten, obwohl mir so was überhaupt nicht liegt. Und das ist der Grund, warum ich zu Elsa sagte, solch Haushalt übersteige meine Mittel, ich hätte nicht das Geld dazu. Nichts weiter. Sie nahm es krumm, aber das konnte mir egal sein. – Überhaupt bin ich froh, daß sie weg sind. Die letzte Zeit hatten sie sich gar zu sehr breitgemacht. Schnatterten, spektakelten. Gingen und kamen, aßen, wann es ihnen einfiel, nahmen auf niemanden und nichts Rücksicht. – Natascha sagte: »So sind die Franzosen.« – Boheme mit Ausländerversorgung. – Ich mag so was nicht.

Was Du mir mitbringen sollst? Weiß ich beim besten Willen nicht. – Vielleicht etwas Wäsche: Unterhosen, Socken, Oberhemden, aber keine gestärkten mit Manschetten und Kragen, sondern weiche, leichte, für den Sommer. Ansonsten brauche ich nichts, und Extrawürste möchte ich nicht. – Ein wenig Fotopapier zum Vergrößern, das ja – 9 x 12. Das Papier hier ist zu schlecht.

195

O. Brik, Anfang der zwanziger Jahre

Überhaupt möchte ich nur eins – daß Du wiederkommst. An anderes mag ich gar keinen Gedanken verschwenden.

Bei Deiner Mutter ist alles in Ordnung.

Meine Mutter kränkelt. Bronchitis. Sie ist nervös geworden und klagt sehr viel. Habe viel Kummer mit ihr.

Sei fest, ganz fest geküßt, ich liebe Dich sehr, erwarte Dich sehr.

Dein Ossja

Berlin, 27. 5. 33

Osschen, warum antwortest Du nicht auf meine Fragen? Schreib, was für eine Brille Du brauchst. Und Shenja, braucht sie eine Lorgnette oder eine Brille? Wie ist die Adresse von Polina Jurjewna? Antworte gleich! Wird die Uraufführung von »Bauer« nicht verschoben? Ich überlege schon dauernd, wohin wir im Sommer verreisen sollen. Finde, für Dich und Shenja wären Kislowodsk und Jessentuki das beste, da könnt Ihr in

Narsan und Schlamm baden. Das müßte sich einrichten lassen. Ich küsse Dein Köpfchen und Deine Pfötchen 100 000 000mal.

Deine Lilja

Berlin, 27. 6. 33

Mein vielgeliebtes, süßes Osschen, eine Stunde nach unserem Telefongespräch kam Vitali wieder, ganz krank, er hatte eine furchtbare Nierenkolik, mußte ins Hospital gebracht werden und bekam sogar Morphiumspritzen. Jetzt ist es vorbei, aber er wurde auf Diät gesetzt und schluckt Tabletten, und überhaupt kann man nicht sicher sein, daß es nicht wiederkommt – eine entsetzliche Sache.

Osschen, hol doch, bevor wir kommen, unsere kleine Bulka ab, mir ist das schon peinlich – als wäre sie nicht mehr bei uns, sondern bei Jassenskis zu Hause.

Es gibt nichts, worüber zu schreiben lohnte – ich schlafe und träume, daß ich daheim bin. Ohne Dich ist mir alles so garstig und trist, Du kannst Dir nicht vorstellen, wie.

Ich küsse mein geliebtes einziges Schnäuzchen, dazu die Pfötchen und das Glätzchen. Viele Küsse an Shenja. Seid mir alle gegrüßt, und Du sei nochmals 1 000 000 000mal geküßt.

Deine Mauz

Briefwechsel
mit Elsa Triolet

[Moskau, 1930]

Meine liebste Eli,

was soll ich Dir schreiben? Ich weiß sehr genau, wie es gekommen ist, doch um es zu verstehen, muß man Wolodja wie ich gekannt haben. Wären ich oder Ossja in Moskau gewesen, so würde Wolodja noch leben.

Die Verse in seinem Abschiedsbrief hatte er vor langem geschrieben, mir ist nicht in den Sinn gekommen, daß sie einmal die Verse seines Abschieds vom Leben sein würden:

Wie man so sagt: »gepfefferte Zeche«.
Am Alltag zerschellt ist das Liebesboot.
Quitt sind wir zwei, wozu noch verrechnen,
wer wen an Verletzungen überbot.

»Quitt sind wir zwei«, nicht: »Ich bin quitt mit dem Leben«, wie in dem Brief.

201

Wolodja hat sich wie ein Spieler erschossen: mit einem neuen Revolver, mit dem noch nie geschossen wurde: Das Magazin nahm er heraus und ließ nur eine Kugel im Lauf, was zu 50% Ladehemmung bedeutet. Eine solche Ladehemmung hat es schon einmal gegeben, vor 13 Jahren in Pieter. Er wollte das Schicksal ein zweites Mal versuchen. Er erschoß sich im Beisein von Nora, die aber ebensowenig damit zu tun hat wie eine Apfelsinenschale, auf der man ausrutschen und sich zu Tode stürzen kann.

Die letzten beiden Jahre war Wolodja ungeheuer nervös und abgespannt. Dazu kam eine Grippe nach der anderen. Er hatte sich gänzlich verausgabt, wurde bei jeder Kleinigkeit hysterisch. Ich verfluche unsere Reise.

Schreib mir, Eli.

Seid beide ganz fest umarmt und geküßt

Lilja

[Leningrad, 1. Jaunar 1936]

Alles Gute zum Neuen Jahr!!

Meine liebe Eli, stimmt, es ist ärgerlich, daß ich so lange nichts von mir hören ließ. Aber Du kannst Dir nicht vorstellen, was ich alles um die Ohren hatte! Ich weiß nicht mehr, wo mir der Kopf steht!

Folgendes: Ich hatte an den Hausherrn geschrieben. Nach zwei Tagen rief mich einer seiner engsten Mitarbeiter an und bat mich, nach Moskau zu kommen. Ich machte mich noch am Abend auf die Reise und wurde am nächsten Morgen von diesem Mitarbeiter empfangen. Wir hatten ein prächtiges Gespräch, eine halbe Stunde lang. Ich erzählte ihm unser ganzes Martyrium. Er war absolut entrüstet, sagte, er liebe Wolodja sehr, lese ihn oft; fragte, warum ich mich nicht schon längst an sie gewandt hätte. Er zeigte mir meinen Brief mit einer langen (ganz wunderbaren!) schriftlichen Bemerkung des Hausherrn, worin dieser bittet, alles Versäumte nachzuholen, und seine Hilfe anbietet. Während wir alles besprachen, kam Tal, mit ihm saß ich noch eine Stunde zusammen und stellte auf, was man machen und herausgeben sollte. Aus der Presse weißt Du vielleicht, daß der Triumfalnaja-Platz in Majakowski-Platz und die Gendrikow-Gasse in Majakowski-Gasse umbenannt wurden. Der Moskauer Sowjet hat bereits den Kostenvoranschlag (340 000 R.) für das Häuschen in der Majakowski-G. bestätigt, wo unsere Wohnung rekonstruiert und eine Bezirksbibliothek namens Majakowski eingerichtet werden soll.

Darüber kamen in allen Zeitungen Berichte und werden noch mehr kommen.

Ossja hat einige Vorträge gehalten. Alles Weitere wird Dir der Genosse erzählen, der Mitte Januar nach Paris kommt. Das Kleid von Dir würde ich am liebsten Tag und Nacht anbehalten! Ebenso Njutas Hüte. Wenn das Geld schon da ist, besorg mir doch bitte zwei Cocktailkleider (lange) – das eine schwarz, das andere wie Du denkst (wenn es nicht zu teuer wird, eine Art Samt vielleicht, unbedingt dunkel), und dazu passende Schuhe. (Der Kleiderstoff möglichst interessant, die Schuhe auch.) Dann brauche ich noch 4 Schachteln von meinem Puder (hautfarben), 3 Lippenstifte (Ritz – Deine Farbe), Wangenrouge »Institut de beauté«. Wie Du siehst, die Liste riesengroß, das Geld knapp! Versuche irgendwie hinzukommen. Wenn Du keine Lust hast, Deine Zeit damit zu vertrödeln, kannst Du's auch lassen, nicht so schlimm. Ich schreibe es nur für alle Fälle und extra rechtzeitig, damit Du (falls das Geld schon da ist) alles nach und nach holen kannst. Was brauchst Du? Schreib es mir *unbedingt*. Ich kann Dir alles schicken. Wir sind jetzt draußen auf der Datsche, aber ich fahre oft in die Stadt, kann also alles besorgen. *Was macht die liebe Gesundheit? Schreibe ausführlich.* Altman gibt Dir das Geld wieder. Der indische Gürtel von Maria-Theresa ist leider nicht angekommen. Was macht Aragoschas Buch? Ist es schon fertig?

Neujahr haben wir hier draußen gefeiert, mit Champagner und Tannenbaum. Zu viert. Ossja und Shenja fahren heute nach Moskau zurück. Vitali und ich erst in zehn Tagen.

Habt Ihr unser Neujahrstelegramm erhalten?

Seid vielmals geküßt, ihr beiden.

Lilja

2. Juni [1937]

Meine liebe Lili, *erhältst Du die Zeitung?* Ich schicke sie jeden Tag per Einschreiben ab.

Wir sind ganz aufgeregt: übermorgen ist ein von »Ce Soir« organisiertes grandioses Wohltätigkeitsfest zugunsten spanischer Kinder. Aragoscha bekommt einen Frack!!! Früh um 8 war der Schneider zum Maßnehmen da. Die Schneiderin hat mir ein Kleid geliehen, ein langes, aber mit langen Ärmeln und nicht ballmäßig genug. Ich bin zu klein und versinke in diesem Mannequinkleid. Dazu einen Umhang aus Federn, wie bei Marlene Dietrich! Der reinste Maskenball. Wenn Du »Ce Soir« bekommst, wirst Du sehen, daß Mistinguett, Joséphine Baker usw. usf. dabei waren. Es wird eine Lotterie veranstaltet – Picasso und Léger haben Bilder gestiftet. Meine Beziehungen zur »couture« brachten uns ein Kleid von Lelong für 2000 Francs ein! Eintrittskarten von 10 bis 100 Francs, fast alle schon verkauft. Jeanne kann seit Nächten nicht schlafen, es ist ja alles das Werk ihrer Hände. In der Redaktion kommen dauernd Schauspieler angetanzt, unter anderem der Affe Toto! Er begrüßt jeden mit Handschlag (ein großes Tier, reicht mir bis zur Schulter) wie ein wohlerzogenes Kind, liest Zeitung, fehlt nur noch, daß er auch plaudert; als ich mich neulich mal stieß, lief er hin und her, jammerte ganz wie unsereins: Au, aua!

Sonntag (heute haben wir Mittwoch) war ich auf einer Manifestation bei der Wand der Kommunarden, es wur-

Louis Aragon, 1937

den eine Million zweihunderttausend Plaketten verkauft! Eine mörderische Hitze, wir verließen das Haus um 2 und langten um 7 an der Wand an! Jetzt machen mir täglich auch die rheumatischen Knochen ganz schön zu schaffen! [...]

Ich küsse Dich, Lilchen

Elsa

26. Januar [1938]

Mein Lilchen, das freut mich aber, daß die Sachen gerade richtig gekommen sind und Dir stehen.

Das Buch habe ich erhalten, riesigen Dank.

Monatelang höre ich kein russisches Wort, bin schon ganz entwöhnt, die Bücher ersetzen mir das Gespräch.

Wie findest Du meine Modeseite in »Ce Soir«? Die kleinen Artikel sind meist nicht mein Produkt, meistens schustere ich sie zusammen oder schreibe sie um.

So ganz nebenbei habe ich für Lucien Lelong ein paar Modelle mit Perlen und ein Handtäschchen gemacht.

Das Täschchen ist lustig – durchsichtig wie aus Glas (für den Abend), so daß der ganze Inhalt zu sehen ist, der natürlich schön sein muß! Puderdose, Geld und Liebesbriefe. Ich habe die »Ideen«, das erste Modell, verkauft, selbst machen will ich nichts. Das ist zwar nicht einträglich, aber dafür habe ich keine Umstände, nur Vergnügen. [...]

Achte in »Ce Soir« auf die Rubrik »Le cœur a ses raisons«. Wir kriegen am Tag 20 bis 50 Briefe. Meistens von Arbeitern, vor Fehlern wird einem schwarz vor Augen, aber keinerlei Gemeinheiten, alles in einer Weise rührend, daß mir die Tränen kommen. Wie einsam müssen diese Menschen sein, daß sie einem Fremden schreiben, einfach ins Blaue hinein. Zu Weihnachten – »Le danseur inconnu«, ich bekam eine Unmenge Gratulationsbriefe und sogar einen Lotterieschein! [...]

Deine Pelzjacke ist ganz nach dem letzten Schrei!

Ich küsse Dich, Mutter, Ossja und Shenja

Elsa

2. Oktober 1940

Meine lieben Freunde, wir sind am Leben und bei Gesundheit. Mein Mann ist ohne einen Kratzer zurückgekehrt, dabei hat er die Kampagne in Flandern, einschließlich Dunkerque, und eine in Frankreich mitgemacht.

Nach Hause können wir noch nicht, darum suchen wir hier und da ein bißchen nach Arbeit und haben keine feste Adresse. Das Leben war nicht immer leicht, besonders nicht, als ich allein und ständig in Angst war. Glücklicherweise haben wir Freunde, die uns unterstützen – dieselben nach wie vor. Sie sind uns treu, weil wir es auch sind. Wie sehr habe ich an Euch gedacht, immer, diese ganze Zeit ...

Ich küsse und umarme Euch.

Elja

Meine lieben Sonnenstrahlen Eli und Aragoscha, wann sehen wir uns nur wieder?! Wann kommt wenigstens ein Brief von Euch?!

Elilein, Mutter ist am 12. Februar 1942 an Herzversagen gestorben. In Armawir. Sie lag in einem der besten Sanatorien, in der Obhut bester Professoren, Tante Ida brachte ihr immer ihr Lieblingsessen, kümmerte sich um sie. In ihren Armen ist Mutter gestorben. Ich hätte nicht gedacht, daß mir das so unerträglich weh tun würde. Tante Ida und Onkel Kuba wurden von den Deutschen umgebracht, die ein halbes Jahr nach Mutters Tod Armawir besetzt hatten.

Ich habe mich unsäglich um Euch gesorgt. Wußte nicht, wo Ihr wart, ob Ihr noch lebtet. Seitdem der französische Rundfunk gemeldet hat, daß Ihr beide Helden seid, ist im Fensterchen wieder Licht!

»Les yeux d'Elsa« habe ich leider nicht gesehen. »Crève-Cœur« hatte ich für mehrere Tage – moderne Klassik! Ich kann mir keine besseren Gedichte vorstellen! Und was hast Du geschrieben! Hast Du was geschrieben? Wenn und falls es Dir möglich ist, schicke mir bitte Bücher: eigene, Aragoschas und die besten von irgendwem anderes.

Jeden Tag warte ich auf Euch – vielleicht steht Ihr mit einemmal vor meiner Tür?! Wo wohnt Ihr? Seid Ihr gesund, habt Ihr genug anzuziehen, satt zu essen? Habt Ihr es warm, hell? Ich weiß von Euch aber auch gar nichts...

Wir haben es warm, hell; wir haben zu essen und sind gesund. Ossja ist Redakteur bei den »TASS-Fenstern«, außerdem arbeitet er noch beim Theaterverband, beim »Krokodil« usw. Ich sammle Material für Wolodjas »Wörterbuch der poetischen Sprache«, das ich zusammen mit Ossja machen will.

Von Ljowa, Shenja, Deiner Nadjuscha und Lisotschka viele Küsse. Die Freunde und Bekannten sind in alle Winde verstreut.

Mein Gott, so gern möchte ich mit Dir sprechen... Ich umarme Dich, meine Einzige, und Aragoschalein und küsse und liebe, liebe, liebe Euch...

Lilja

In 2, 3 Wochen wird Wassja Katanjans Buch erscheinen: »Majakowski. Eine Literaturchronik« – Wolodja von einem Tag zum andern. Zweiundzwanzig Bogen!

Einen großen Gruß von unserer alten Annuschka. Sie macht gerade Krautpiroggen.

18, rue de la Sourdière Paris, 1. Februar [1945]

Meine liebe Lili, Jean-Richard hat mir Deinen Brief und Dein Büchlein gebracht. Ich wußte schon, daß Du noch lebst, irgendwer hatte Dich auf der Straße gesehen.

Unsere arme liebe Mutter. Mir war klar, daß sie nicht mehr unter den Lebenden weilt. Demnach hat der Tod sie vor den Deutschen bewahrt, dem Tod sei Dank.

Unser Leidensweg begann 1939. Am 2. Oktober erhielt Aragoscha die Einberufung, am 3. war bei mir eine grandiose Haussuchung. Wir wurden beschattet. Als Aragoscha das satt hatte, ließ er sich von seinem relativ disziplinierten Bataillon an die Front versetzen. Er kam in eine Panzerdivision, die sich nur auf Befehl zurückzog; Ende Mai mußte sie sich über die See retten; vielleicht erinnerst Du Dich an den Rückzug aus Belgien, über Dunkerque nach England, dann weiter nach Brest und durch ganz Frankreich.

Mir saßen sie die ganze Zeit im Nacken und hätten mich bestimmt verhaftet, wäre nicht die Massenflucht aus Paris dazwischengekommen.

Wir fanden uns unwahrscheinlich schnell, Ende Juni 1940, durch ein Wunder.

Nach Paris gingen wir natürlich vorerst nicht zurück, blieben in der Zone libre. Wir hatten kein Geld, und Arbeit fanden wir nirgends. Zum Glück hatten die Amerikaner Aragoschas Roman »Les voyageurs de l'Impériale«

208

E. Triolet und L. Aragon in Nizza, 1941

übersetzt und schickten uns jeden Monat eine kleinere Summe. Das hielt uns zwei Jahre über Wasser.

Die Verbindung mit der Organisation nahmen wir im Juni 41 auf. Aus Paris schickten sie uns eine »Zunge« (wir waren damals in Nizza), die uns über die Demarkationslinie bringen sollte. Hier wurden wir von den Deutschen geschnappt. Doch man konnte uns nichts nachweisen und hielt uns nur zehn Tage fest, zur Einschüchterung. In Paris besprach Aragoscha alles Nötige (nach Hause gingen wir nicht, ließen uns auch auf der Straße kaum blicken) und wurde zur Arbeit in die Zone libre geschickt. Noch lebten wir in der Legalität, Aragoscha einzusperren wäre peinlich gewesen, schließlich war er von der Front als Held gekommen, mit lauter Orden, und Helden waren damals knapp. In aller Stille wurde »Crève-Cœur« gedruckt, und Vichy hatte sich kaum umgedreht, da waren Aragoschas Gedichte schon in ganz Frankreich, England und Amerika verbreitet... Abermals hätte man ihn schlecht einsperren können. Wir beschlossen, diese Situation bis ins letzte auszunutzen.

In die Illegalität gingen wir am 2. November 1942, als die Italiener Nizza besetzten.

Wir arbeiteten mit den »intellectuels« zusammen, Aragoscha hatte die ganz Zone libre zu betreuen. Wir machten die Zeitung »Les Etoiles« und gründeten den Verlag »La Bibliothèque Française«. Illegal, versteht sich. Unser Netz breitete sich rasch über alle Zweige der Wissenschaft und Kunst aus, zur Organisation gehörten ungefähr fünfzigtausend, in allen Städten begannen Lokalzeitungen von Ärzten, Juristen, Lehrern usw. zu erscheinen. Wir hatten eigene Kuriere, die die Literatur vertrieben, Handlungsreisende gewissermaßen, die die Verbindungen herstellten. Aragoschas rechte Hand war Georges Sadoul.

Von den Initiatoren der Organisation haben nur Aragoscha und ich überlebt, die ganze Pariser Abteilung wurde verhaftet und erschossen. Es waren großartige Menschen, uns tief vertraut, unser Leben lang werden wir um sie weinen (unter ihnen Danielle Casanova und Georges Politzer, von deren Tod Ihr vielleicht gehört habt).

Zwischen den Gängen zur Arbeit hatten wir viel freie Zeit. Da setzten wir uns hin und schrieben. Wäre das Schreiben nicht gewesen, hätte ich womöglich Hand an mich gelegt, so schwer und furchtbar ist es zuweilen gewesen. Dieses Tun habe ich ordentlich liebgewonnen, es ersetzt mir die Freunde, die Jugend und vieles andere, was einem im Leben fehlt. »Le Cheval Blanc« hat uns zwei Jahre ernährt, und es war nicht schlimm, daß die Amerikaner uns nichts mehr schickten. Die Bücher hatten viel Erfolg, man begann mich zu achten und ernst zu nehmen.

Aragoscha ist jetzt richtig berühmt, zwei Romane und mehrere Gedichtbände sind in diesen Jahren von ihm erschienen (legal und illegal). Die Partisanen verehren und lieben ihn, lesen begierig seine Gedichte, das Publikum, hiesiges und auch fremdes, begegnet ihm wie seinerzeit Wolodja. Er schreibt von Mal zu Mal besser.

Nach Paris kehrten wir am 25. September 44 zurück, nach der Befreiung. Die Gestapo hatte mehrere Haussuchungen gemacht, auch die französische Polizei war mehrmals da, es wurde aber nur alles auf den Kopf gestellt und nichts weggenommen. Trotzdem haben wir die meisten Sachen verloren, na egal, nur um Aragoschas Neger tut es mir leid. Eigenartig und schön, wieder zu Hause zu sein, vier Jahre bei fremden Leuten, das war nicht mehr auszuhalten! Ich kann mich kaum fassen vor Glück, vor Freude über Paris, die Freunde... Auch wenn es jetzt in Paris nichts zu lachen gibt, mir steht das Wasser bis zum Hals!

Soweit in aller Kürze unsere Biographie. Du schreibst ja gar nichts von Dir – wo warst Du nach der Evakuierung, wer von den Freunden ist noch am Leben, mit wem verkehrt Ihr? Ich habe so viel an Euch gedacht und um Euch geweint, daß mir die neun Jahre wie neun Tage vorkommen, als wären wir nie getrennt gewesen. Ohne Mutter ist das Leben traurig geworden, wie ich nun sehe, habe ich ein bißchen auch für sie gelebt: Wenn was Schlimmes geschah, dachte ich – Gott sei Dank, daß es Mutter nicht weiß; wenn was Schönes – das wird Mutter freuen!

Vielleicht geht dieser Krieg doch noch mal zu Ende und Ihr kommt her oder wir kommen zu Euch? [...] Jetzt ist es sehr kalt, aber nirgends wird geheizt. Wir hocken in einem Zimmer, so wie Du es in » Wau « schilderst, nur daß wir nicht frieren. (» Wau « ist so rührend und geht mir in seiner Vertrautheit so nah, daß ich losheulen könnte.) Aragoscha kränkelt, ist ziemlich entkräftet. Ganz grau schon, aber sehr schön. Ich bin gealtert, aber die Runzeln halten sich noch in Grenzen, bei manchem dreht sich einem ja das Herz um. Die grauen Haare fallen durch das Blond nicht so auf, aber es sind viele. Ich habe mich schon damit abgefunden, daß ich nicht mehr jung bin, und gräme mich nicht, laß fahren dahin, die Jugend hatte auch nicht viel Gutes. [...]

Ich küsse Dich hunderttausendmal, Dich und die Deinen und meinen, Ossja, Ljowa, Shenja, Wassja, Nadjuscha, und meine Lisotschka und Annuschka auch. Vielleicht können wir doch noch mal ihre Krautpiroggen probieren.

Viele, viele, viele Küsse

Elja

Habe das Russischsprechen und -schreiben ganz verlernt, verzeih, in neun Jahren kann man anscheinend tatsächlich seine Muttersprache vergessen!

18. I. 47

Meine liebe Eli, und allen habe ich erzählt, Ihr wärt in Avignon! Vor Neujahr hinterließ ich Eure Adresse sogar bei der Ausl.-kommission!

Furchtbar gern, sobald wie nur möglich möchte ich Deinen neuen Roman und das Stück lesen. Schreib mir den Titel des Romans und wie es mit der Aufführung des Stückes steht. Am Telefon bleibt alles immer nur halb gesagt...

Ich verstehe rein gar nichts – was geschieht da bei Euch? Was sind das für literarische Unannehmlichkeiten? Wie schließt Ihr Eure Buchverträge, wie kauft Ihr Euer täglich Brot, mit wem habt Ihr Umgang?... Überhaupt kann ich mir Euer ganzes Dasein nicht vorstellen. Das ist richtig traurig und dumm. Als Ihr in Moskau wart, haben wir über nichts richtig gesprochen. Es war so schwer nach Ossjas Tod.

»Alexis« wird vorläufig nicht kommen.

Deine Bücher werden mir aus den Händen gerissen. Gerade holte sich jemand die letzten, für irgendwessen Dissertation über Dich!!! Über Aragoscha werden ab und an Vorträge gehalten, aber ich war noch zu keinem, weil ich erst eine Woche später davon erfuhr...

Deine schönen Bändchen gebe ich nicht aus der Hand, aber zeige sie jedem.

1946 habe ich – 1. »Alexis« (mit Auftrag) übersetzt, der aber nicht gedruckt wird, 2. »Engelchen« übersetzt, das aber, obwohl vom Theater angenommen, nicht gespielt werden kann, 3. aus »Weggefährten« ein Stück gemacht, das vom Künst.-theater sofort angenommen und mir noch von vielen anderen Theatern aus den Händen gerissen wurde; da aber die Panowa selber ein Stück daraus machen wollte, lehnte sie meine Fassung ab (ohne sie zu kennen), 4. im Auftrag des Estradentheaters aus »Weggefährten« eine Inszenierung gemacht, aber der Regisseur, für den ich arbeitete, ist plötzlich von dort weggegangen...

Du kannst Dir denken, wie sich das auf die Stimmung und den Geldbeutel auswirkt.

Jetzt bin ich dabei, ein Stück zu schreiben. Richtiger, es dauernd umzuschreiben. Bin sicher, daß es nicht gespielt werden wird. Es heißt »Der ungebetene Gast«. Die Personen: ein Mädchen aus der Provinz, zwei Tänzerinnen, ein Dichter, ein Ingenieur, zwei Putzer. Zeit und Ort – unsere Tage, Moskau. Die Dekoration – Zimmer mit Balkon in einem Neubau.

Alle erkundigen sich nach Euch, lassen Euch grüßen.

Gleich kommt Gen. Kohen zum Essen, ich will ihm ein Kilo Schokolade und ein Päckchen mitgeben. Er wird mir sagen, wieviel er außerdem mitnehmen kann, dann bringe ich ihm noch vorbei, was Du mir morgen am Telefon sagst.

Gruß und Kuß Euch beiden von Wassja...

Von mir Küsse ohne Ende

Lilja

3. 5. 48

Liebe Lili, wieder kracht alles zusammen! »Fedotow«, »Die Liebenden von Avignon«, das Kleine Theater und noch der Artikel in der Litgaseta! Am Telefon habe ich zumindest verstanden, daß er schon erschienen ist... Zu blöd. An »Fedotow« mag ich gar nicht denken – so viel Arbeit und Mühe... Das ist einfach Phantasterei, hat man je gehört, daß ein Buch nach zwölfjähriger Existenz plötzlich ganz ausgetauscht wird! Für mich ist ein Buch wie ein Mensch; ich stelle mir vor, Du würdest durch eine andere Lilja ausgetauscht, eine neue, von der es heißt: hundertmal besser! Ich will aber nun mal keine bessere, ich liebe diese.

[...]

Aragoscha war drei Tage verreist, kam heute früh wieder. Er war im Süden, bei Picasso, der Mérimées »Carmen« für »Bibl. Fr.« illustriert. Und Matisse, stell Dir vor, malt in irgendeiner Kapelle eine Madonna! Der Alte steht schon mit einem Bein im Grab, aber spielt auf einmal den Clown, sagt: »Ich glaube weder an Gott noch an den Teufel, doch eine Madonna malen – warum nicht?« Aragoscha mag ihn nicht mehr, nicht weil er eine Kapelle ausmalt, sondern weil er sich selbst fast schon für ein Wesen d'une essence divine hält! Aber seine Bilder werden immer besser. André Breton hat sich in seiner Nähe festgesetzt und kratzt sich bei ihm ein. Ach, hol sie doch der Teufel.

Das Leben ist schwer. Nach Zahlung der ungeheuren Steuern sind wir nun blank! [...]

Endlich ist »Mille Regrets« da, mit Illustrationen von Christian Bernard; Preis um 15.20 und 30 Tausend Francs... Sagenhaft! So viel kriegt ein Chefredakteur (bei uns) nicht mal im ganzen Monat. Aragoschas Bücher gehen am besten, wenn sie bei Gallimard erscheinen.

Alle diese Fakten teile ich Dir mit, weil sie nicht nur für uns persönlich typisch sind.

Ich küsse Dich millionenmal

Deine Elja

Gerade wollte ich den Brief zukleben, da kamen Deine Sendungen – so viel Schönes! Danke! Das Leinen, worin Du die Kisten einnähst, verwenden wir für Küchentücher und Putzlappen, die Haushälterin hebt alles fein säuberlich auf! – Um zwei kommt Aragoscha zum Frühstück, wir werden Sprotten essen und hinterher Schokolade! Elja.

4. 5. 49

Elchen! Sascha hat sich gleich nach seiner Ankunft gemeldet, und Wassja fuhr zu ihm die Geschenke holen. Der Mantel und das Kostüm sind wundervoll. [...]

Sascha versprach, in den nächsten Tagen vorbeizukommen und uns mehr von Euch zu erzählen. Er sagt, daß Ihr schachmatt seid, mager und hohläugig ausseht, und noch, daß Ihr im Herbst kommen wollt. Das wäre natürlich das Allerrichtigste, Gott geb's.

Ich soll Dir was über Deinen »Inspektor« schreiben?

Liebste! Ich habe den »Inspektor« und die »Reisenden« hintereinanderweg gelesen. Aragoschas nachts, immer ein ganzes Stück weiter, so daß ich mich tagsüber auf die Fortsetzung freute und es dann richtig bedauerte, als ich durch war. Dich – in einem Zuge, ohne Unterbrechung, zweimal. Das erstemal etwas gereizt. Vieles kam mir aufgesetzt vor. Ich fand, aus diesem Material hätte man 5 Bücher machen müssen. Beim zweitenmal nahm ich mir vor, in Ruhe und sorgfältig zu lesen, mit Wörterbuch. Aber dann ließ ich das Wörterbuch Wörterbuch sein und las so weiter, wieder in einem Zuge, manchmal kamen mir die Tränen.

Ich weiß keinen Schriftsteller, der mit solch absoluter Genauigkeit, bis in die feinsten Nuancen menschliche Gefühle, Wahrnehmungen und Gedanken beschrieben hätte. Das machst Du genauso gekonnt wie die Darstellung einer Landschaft. Das ganze Labyrinth der Straßen, Gassen und Sackgassen des menschlichen Innern. Und alles, ohne einen mit der Nase darauf zu stoßen. Man liest und sieht die Stadt, den Park, die bröckelnde Mauer, die Menschen. Fühlt den Frühling. Riecht ihn. Begegneten mir diese Menschen auf der Straße, bestimmt würde ich sie erkennen.

Aragoscha schildert. Und macht es genial. Aber Du – bei Dir bin ich mitten im Schmerz jedes Deiner Helden gewesen. Ich glaube, Aragoschas Bücher (natürlich die Prosa, seine Gedichte sind was ganz anderes) werden 100 000 000 000 Jahre + ∞ als »Werke der Kunst«, als Klassik bestehen bleiben. Deine – durch ihren Zauber. Wer sie in dreihundert Jahren liest, wird eine Reise durch unser heutiges Leben machen. Er geht durch unsere Städte, und die Menschen, von denen Du schreibst, unterhalten sich mit ihm wie »Lebende mit einem Lebenden«.

Soviel in aller Kürze. Demnächst schicke ich ein paar Eßpäckchen an Euch ab.

Ich küsse Dich ganz fest

Lilja

26. Oktober [1952]

Meine liebe Lili,

daß Du wieder krank bist, wie entsetzlich. Du hast so lange nicht geschrieben, daß ich schon telegrafieren wollte, aber auf einmal kam Dein Brief. Ich hab's gewußt, meine Unruhe war nicht von ungefähr! Was soll man bloß tun, diese verfluchte Treppe! Ein Umzug? Selbst wenn Du eine Tauschwohnung findest und Dir alles abgenommen wird, wäre er eine furchtbare Wirtschaft, Du würdest Dich kaputtmachen. Was also tun?

Eluard liegt noch immer. Sein »Fall« ist weit schwerer als Deiner, weil sein Organismus schon zu sehr verbraucht ist.

Gestern war unser alljährlicher »Bücherbasar«. In der größten Halle von Paris, wo Riesenmeetings, Radrennen, Hindernisspringen (jumping) usw. veranstaltet werden. Als ich die Halle im Juni mietete, sahen mich die Leute da erschrocken und mitleidig an, sogar der Direktor der Innung, des sogenannten Vél d'Hiv (Vélodrome d'Hiver) riet mir ab! Und als der Termin heranrückte, wurde mir selbst himmelangst, aber da konnte ich nicht mehr zurück, zu spät. Einen ganzen Monat zerriß ich mich zwischen Korrekturlesen, der Organisation dieses gewaltigen Spektakulums (hundert Autoren, über hundert Schauspieler und Schauspielerinnen, Dekoration, Besorgung der Bücher, Beleuchtung, Musik usw.) und der Mühle, wo die Küche renoviert wurde! Die letzten drei Nächte konnte ich vor Aufregung nicht schlafen. Das Buch erschien gerade noch rechtzeitig. Ich habe es Dir geschickt (2 Ex.). [...]

Der Basar wurde ein toller Erfolg! An die dreißigtausend Besucher!! Für 5 Millionen 250 Tausend Fr. verkaufte Bücher!!! Die Leute standen bis auf die Straße an, warteten fast eine Stunde, um reinzukommen. Aragoscha hat am meisten verkauft, für 400 Tausend Francs. Dann, fast ebensoviel, Daix, Eluard, Effel und ich. Ich für 250 Tausend Francs, fast ausschließlich die »Maja-

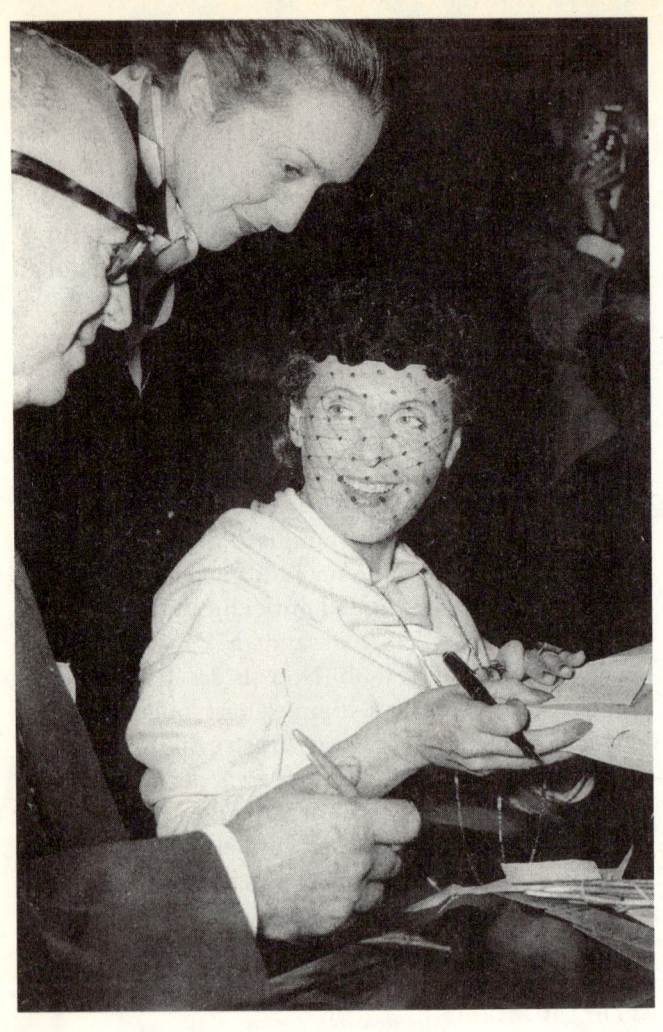

E. Triolet auf einem Buchbasar, Paris 1952

kowski-Anthologie«! Und die kostet 500 Fr. Geöffnet wurde um 14.30 und geschlossen um 19.30, um fünf Uhr waren meine Bücher alle, da wartete das Publikum brav vor dem Tisch, bis ein Wagen mit Nachschub kam. Das »Publikum« (meins) durchweg zwanzigjährig – alle jungen Poeten von Paris sind, so scheint mir, in dichter Phalance an mir vorbeigezogen.

Ich weiß noch immer nicht, woher ich den Mut dazu nahm (zu dem Basar) und wie solch ein Erfolg möglich war. Mir zittern noch heute die Knie, wenn ich an das Risiko denke.

Mein liebes Lilchen, mir fällt ein, daß Du wieder in Gefahr bist, und mir stockt das Herz, als träte ich an einen Abgrund.

[...]

Ich küsse Euch beide – auf bald!

Elja

Schreib mir! Je öfter desto besser.

25. August 58

Liebe Lili und Wassja, wir sind in Biot, haben weder Telefon noch Wagen, dafür einen Wächter und eine Wächterin, die uns begleiten. Eine Villa, Balkons, viel Platz und leider Gottes auch viel Lärm. Fünf Tage und Nächte war vor unseren Fenstern ein unvorhergesehener Jahrmarkt, mit einer Riesenkapelle, mit Buden und Marktschreiern... [...]

Ich schreibe einen Roman: »Rosen auf Abzahlung«, der endgültige Titel. Bald gefällt er mir, bald nicht. Zumindest ist er in einem Wurf und von Anfang bis Ende flüssig geschrieben, jetzt nehme ich ihn unter die Lupe. Es sollen 200 bis 250 Seiten werden, 100 nehme ich noch weg... Ich wollte ihn hier abschließen, das hat aber nicht geklappt, in zehn Tagen fahren wir wieder nach Paris.

Das Léger-Museum ist fast fertig. Nicht wiederzuerkennen, seit die -zig kleinen Nebengebäude, die Garage und die Hühnerställe weg sind, jetzt ist alles frei rundum, ein wunderbarer Blick nach allen Seiten; es wurden schon ziemlich große Zypressen und Kiefern (pins maritimes) gesetzt... Dadurch ist eine solche Herrlichkeit und irgendwie natürliche Pracht entstanden, daß man nur so staunt... Nadja und Georges, beide dick und entnervt, haben es damit nicht leicht gehabt. Wir kriegen sie kaum zu Gesicht, dabei wohnen sie nebenan.

Joliots Tod ist für mich ein Messerstich. Ich habe ihn ungemein verehrt, jetzt muß ich oft an den Tag denken, als er frühmorgens zur Mühle kam, bis in die tiefe Nacht blieb und mir »Le Cheval Roux« schreiben half, viel erklärte und sich das bereits Geschriebene vorlesen ließ. Er hat das Buch stets verteidigt, seine wissenschaftliche Wahrscheinlichkeit, aber auch insgesamt.

Daß Pasternak sich über meinen Artikel ärgert, stört mich nicht, im Gegenteil. Ich kann ihm nicht verzeihen, was er da über Wolodja geschrieben hat, zwar wußte ich es schon von Dir, Lili, aber wenn man es mit eigenen Augen liest, obendrein in Frankreich... Als wäre ich auf eine Mine getreten. Wenn Wolodja wie die Kartoffel eingeführt wurde, so habe ich keine Skrupel, Pasternak wie Unkraut aus einem Kartoffelbeet zu reißen. Gemessen an der Wut, die ich hatte, als ich seine hundertste »Autobiographie« las, bin ich noch delikat geblieben.

Ich küsse Euch beide aufs innigste, viele Küsse auch von Aragoscha ...

Elsa

28. 4. 61

Lilja-Wassja, der Seghers-Verl. wandte sich an mich mit der Bitte, eine Anthologie russischer Poesie herauszugeben, eine von den Uranfängen (Igorlied) bis in die heutigen Tage. Und auch noch alles zu übersetzen! Ich will so vorgehen: ich mache die Auswahl und suche mir Übersetzer. [...] Die Auswahl dürfte nicht allzu schwierig sein, weil die ganze (!) Poesie in 500 S. gezwängt werden soll, da brauche ich nur die höchsten Gipfel zu nehmen, das Unbestreitbarste und Bekannteste. Die Schwierigkeiten liegen für mich eher im praktischen, d.h., ich verfüge über keine Bücher, oder richtiger, über bestimmte Bücher nicht. Ich habe ordentlich viel kleine Bändchen (Geschenke von Euch, glaube ich), aber nicht alles von A bis Z. Unter den neueren sind wohl die wenigsten Lücken... Wenn es Euch nichts ausmacht, stellt mir doch bitte eine Liste zusammen, ich habe erst eine vage Linie, und da mir das elementarste Material fehlt, kann ich mich damit nicht beschäftigen, wie es sich gehört. Ich mache dies aus Liebe zur Kunst, weil ich nämlich sehr dagegen bin, daß irgendwelche »Übersetzer«, die weder die russische noch die französische Sprache beherrschen und keine Ahnung von Poesie haben, es in ihre unsauberen Hände nehmen. Selbst übersetzen werde ich nicht, ich will nur mein Auge auf allem haben. Darum bitte ich Euch, mir für den Anfang zu helfen, wenn Ihr meine Auffassung teilt. Zu jedem Dichter bräuchte man ein paar einführende Worte, ich denke, das ließe sich in fertiger Form finden, nur die Lebensdaten und ein bißchen was Allgemeines, der Beitrag zur Poesie – Inhalt, Form... Wenn ich doch Roma zur Hand hätte, er würde es machen! Aber leider...

Zu viel Dostojewski auf einmal mag ich nicht. Anfangs fesseln sein Geist und sein Herz, doch dann merkt man die Methode (in »Idiot«): in jeder Gestalt das *unbedingte* Beieinander von tiefster Niedrigkeit und Erhabenheit; keine Gestalt, die nicht *unbedingt* anders reagierte, als man erwartet... Da erlischt das Interesse, jedenfalls bei mir. Ich werde Dir mal was von Simenon schicken, Lili... S. hat eine Menge Romane geschrieben, hauptsächlich Kriminalromane, durch die ist er berühmt geworden, aber auch in allen anderen kommt unausbleiblich ein gewaltsamer Tod vor – wie bei Dostojewski. Tatsächlich hat er mit Dostojewski viel gemein: in der Weite seines Talents und seinem Interesse und Mitgefühl für die Schwachen dieser Welt. Trotz seiner Riesenauflagen wird er unterschätzt, vielleicht weiß er seine Vorzüge nicht einmal selbst, die erstaunliche Schärfe seines Blicks, die keine Sekunde nachläßt, als leide er an Schlaflosigkeit und könne nichts anders, als ständig zu sehen und zu hören. Nur leidet er nicht an Fallsucht. Er wurde bei Euch übersetzt, was im einzelnen, weiß ich nicht. Er gleicht Dostojewski, nur daß die Überspanntheit nicht vom Autor, sondern von seinen Helden ausgeht... Und daß er auf nichts Anspruch erhebt. Freilich ist er nicht in der Katorga gewesen, sondern lebt friedlich mit Frau und Kindern in Südfrankreich, dort schreibt er und schreibt... Was er denkt, weiß man nicht, er selbst bleibt außerhalb seiner Romane.

Ich küsse Euch millionenmal,

Elja

17. 10. 61

Meine Eli! Gestern hat Nadja noch mal angerufen, aber ich konnte kaum was verstehen. Ich fühle mich beinahe gut und hoffte gestern, aufstehen zu können. Aber das Elektrokardiogramm fiel im Vergleich zu dem vom vorigen Jahr etwas ungünstig aus – dieser langanhaltende Spasmus hat den Herzmuskel sehr geschwächt. Die einzige Heilungschance jetzt – liegen und nochmals liegen... Ein Zustand, der »Präinfarkt-Syndrom« heißt.

Bin ganz verwirrt von Majas Nachricht, daß Roma das Vorwort zur Anthologie schreiben wird. Was weiß er von unseren sowjetischen Dichtern? Die aus der Zeit vor der Revolution wären was anderes, aber auch da ist er ... veraltet! Doch über unsere – *wenn Du nicht willst, dann vielleicht Frioux?* Die letzten Gedichte von Pankratow sind schlecht. Er hat aber trotzdem Talent, wenn auch nicht das größte. *Hervorragend* – Glaskow, aber seine beiden Bände sind so unglücklich zusammengestellt, daß ich sie

Dir gar nicht erst schicke. Bald kommt der dritte heraus. Er soll viel besser sein. Den schicke ich.

(Eben war die Schwester zum Blutabnehmen da.)

Ja, richtig, wenn Du willst, schicken wir Dir (je ein, zwei oder drei) unveröffentlichte Gedichte von allen *unseren besten* Dichtern. Heutzutage wird bei uns *auf sehr hohem* poetischem *Niveau* geschrieben. Wassja und ich waren zum »Tag der Poesie«, erst in einer der Buchhandlungen (in denen Dichter lasen), dann auf dem Majakowski-Platz, wo sich einige tausend Jugendlicher eingefunden hatten. Wir waren von der Qualität der Gedichte überrascht! Überhaupt, diese Rezitationen vor Wolodjas Denkmal und auf dem Denkmal selbst sowie auf einer eigens für diese Veranstaltung errichteten Tribüne, mit Lautsprechern und Scheinwerfern, das alles hatte schon etwas recht Aufregendes. Ein Bengel kletterte aufs Denkmal und trug die »Wolke« vor... Am besten kam Jewtuschenko an – er wurde auf Händen getragen, ist unter der Jugend sehr populär.

Liest Du im »Nowy mir« die Erinnerungen von Ilja Ehrenburg? Interessant. Was man von Schklowskis Erinnerungen in »Oktjabr« nicht behaupten kann. Wie immer unverschämt und liederlich und sogar langweilig ... das ist nun schon das Allerletzte.

Schreibe, Eli!

Seid fest geküßt, Ihr zwei beiden.

Lilja

3. II. 61

Lilchen! Ich gratuliere Dir im voraus zum Geburtstag!! Besser zu früh als nie... Meine Wünsche – Du kennst sie alle. Wahrscheinlich sage ich sie immer wieder, seit ich sprechen kann...

Habe ein leckeres Stück Chlebnikow übersetzt. Prosa, zwei Seiten. So priemelt man an Kreuzworträtseln. Ich kriege sie nie raus, diese Worträtsel!! Doch im Vergleich zu den schon vorhandenen Übersetzungen bin ich noch ein Genie! [...]

Georges Soria rief an, gerade aus Vallauris zurück. Er ist durch den ganzen Süden gestromert und hat Picasso einen Huldigungsbesuch gemacht, der übertrumpfte die Jungen, wollte und wollte nicht schlafen gehen und tanzte selbst! Leute aus allen Enden der Welt kamen gewallfahrtet, alle Hotels waren überfüllt, nach Vallauris gelangte man nur per pedes hinein, zehn Kilometer geparkte Wagen, die Prominentesten aus der Prominenz aller Nationen traten bei dem Abend in Nizza auf usw. Berichte darüber gab es in allen Zeitungen. Nur die Toreadore oder Matadore, oder wie sie heißen, waren ein Reinfall: Der zu Picassos Ehren veranstaltete Stierkampf mit dem berühmten Dominguin soll mißlungen sein, die Matadore haben die Stiere beim fünfzehntenmal oder so getötet, wofür das Publikum sie auspfiff; die Veranstalter wiederum wurden gerichtlich belangt, weil in Frankreich Stierkämpfe mit Tötung des Stiers verboten sind; einer von der Behörde war dabei, konstatierte die Tötung und zeigte sie an. ... Ätsch.

[...] Vielen Dank für die »Tarussaer Seiten«. Wunderbar, die Gedichte der Zwetajewa – grimmig, verzweifelt... Im Leben war sie anders.

Mir gefällt Bulat Okudschawa. Wer ist das? Was hat er noch geschrieben? Ist das hier zufällig gut, oder ist er ein richtiger Schriftsteller? Habe mir noch nicht alles angesehen.

Ich aale mich in Poesie, schlage voll Neugier die alten Bände auf... Demjan Bedny ist derart schlecht, daß ich keinen Übersetzer dafür finde. Wenn ich blättere, ist mir, als sähe ich alte Fotos.

Gestern vor 33 Jahren sind Aragoscha und ich uns begegnet. Sonst feiern wir das immer, aber diesmal haben wir es vergessen! Ich wurde in einem Blättchen darauf gestoßen, das Hélène mitgebracht hatte. Aragoscha rannte nach Blumen – und brachte einen blendendschönen Ring an, eine Emailleschlange mit Diamant. Aber er ist zu groß und schwer für mich, ich werde ihn wohl umtauschen.

Euch beiden Küsse ohne Ende –

Elja

4. 10. 62

Meine Lieben, Lilja und Wassja, Simonows waren da, haben Euer Geschenk gebracht, den Pelz... Und denkt Euch, ich bin bekümmert. Eine Zeitlang war ich so ruhig um Euch hinsichtlich Eurer Finanzen. Jetzt habe ich den Pelz, aber meine Ruhe ist hin. Ein Schmuckstück, der Pelz. [...]

Nun eine ganz besondere Geschichte. Ich habe mit dem Maler Abidin telefoniert, lud ihn zum Essen ein, zu morgen, da wird's Euren Kaviar geben und Plinsen, es kommen noch mehr, auch Simonows, insgesamt zwölf, für uns viel!, aber darum geht es nicht: Abidin sagte – als er über die Fußgängerbrücke gegenüber der Akademie ging (sie heißt Pont des Arts), habe er *Liljas Porträt* gesehen, aufs Pflaster gemalt! Ich will nicht erzählen, was er erzählt hat, jedenfalls Aragon und ich fuhren gleich hin. Auf der Brücke hatten sich Künstler breitgemacht, die auf Asphalt malen und sich dafür Münzen spendieren lassen. Da standen also drei Jungs, so um die zwanzig, und was sah ich zu ihren Füßen? Den ins Gigantische vergrößerten Umschlag von »Darüber« und rundherum Gedichte von Wolodja, auf französisch und russisch! Lilja – kräftig schwarz-weiß, nur die Gedichte schon etwas verwaschen, in der Nacht war ein schweres Gewitter... Die Jungs erkannten uns und sagten, der Maler sei Jugoslawe, habe sein Land vor vier Jahren verlassen, kenne Majakowski von Sogowitschs Übersetzungen und dem kürzlich erschienenen Frioux-Band her. Der andere ist Lyriker. Liest »Lettres Françaises«. Er zeigte uns sein auf eigene Kosten herausgegebenes Bändchen

E. Triolet und L. Aragon vor einem Porträt von L. Brik
auf dem Pont des Arts, Paris 1962

und versprach, uns ein Exemplar zu schicken. Der dritte ein Deutscher, Fotograf. Er will die Fotos, die er in unserer Gegenwart machte, an »Lettres« schicken (das Porträt zusammen mit der Brücke und einer Barke auf der Seine). Heute soll Simonow mit seinem Apparat hingehen. Ein echtes Wunder, nicht? Folklore!

Ein anderes Asphaltgemälde stellte die heiligen Jungfrauen à la Picasso dar, unter einer stand: »Samt Brücke 1 neuer Franc!«

Wenn ich kann, werde ich Euch die Fotos schicken. Interessant, was?

Aragon liest Korrekturen. Ich schreibe ein bißchen.

Seid geküßt, Ihr Lieben –

Elsa

Mittwoch, 28. 11. 62

Lili und Wassja! [...]

Wie uns Solshenizyn durch die Lappen ging, habe ich Euch schon geschrieben. Sein Buch kommt bei Juillard heraus (Simonows Verleger), aber Aragon konnte sie überreden, Pierre Daix mit dem Nachwort zu beauftragen, um ein Nachwort zu vermeiden, das den Autor – und uns – in eine scheußliche Lage bringen würde. Die Übersetzung hätte ich gern gemacht, nur scheint mir, sie übersteigt meine Kräfte – Daix könnte den Übersetzer beraten, man muß Äquivalente finden (die ich nicht weiß), Lagersprache. Eine prächtige Erzählung. Unsere sehr reiche Lagerliteratur ist ganz anders – schrecklicher, aber sie geht immer gut aus (für die Überlebenden). Die Menschen wußten, wofür sie saßen – für eine gerechte Sache, für die sie alles zu tun entschlossen waren. Aber dieses klare, wunderbare Menschlein, dieser Iwan Denissowitsch, nimmt alles widerspruchslos hin, beklagt sich nicht, als hätte es so zu sein... Und wir möchten wegen ihm, aus Liebe zu ihm, nicht mehr leben. Meine Seele ist ganz aus der Fassung, wie nach einem Autounfall – überall Prellungen und Wunden... Was wäre da erst von Euch zu sagen... Wir haben uns vor Iwan Denissowitsch durch unsere Gutgläubigkeit schuldig gemacht, die Falschmünzer sind nicht wir, aber wir waren es, die die Falschmünzen in Umlauf brachten – aus Unwissenheit, die wir für Glauben hielten...

Also, der Schlagbaum ist geöffnet, es wurde grünes Licht gegeben, jetzt fangen alle an, uns einzuheizen... Ich habe ein Gedicht von Sluzki übersetzt, es heißt »Der Gott«, wir kannten es schon von Moskau her. Natürlich ist es nicht so wie im Russischen geworden, aber zu schlecht auch wieder nicht. Morgen treffe ich mich mit den Poeten (die Anthologie), wenn es gefällt und sie es billigen, nehmen wir es in die Anthologie auf. Sie sind strenge Richter.

Vorige Woche hatten wir den dicken und netten tschechischen Kulturminister, Hofmeister, und den Botschafter zum Frühstück. Es ging ganz gut, sie wurden satt.

Na, ich muß los! Küsse Euch in aller Eile

Elsa

22. 10. 63

Meine Lieben, Lilja und Wassja, vor drei Tagen war unser Telefongespräch. Todesfälle und Krankheit haben mich lange am Schreiben gehindert, ich wußte nicht, ob die Nachrichten Euch erreicht hatten, wollte Euch mit meiner Schwermut, meinem Schwarzsehen, meinen Tränen verschonen. Dabei kann ich gar nicht weinen, und dadurch schwellen die Lider an... Cocteau lag im Sarg, leicht wie ein leeres Ei oder wie eine Muschel – ein Windstoß, und die Schale wäre weggeflogen.

Edith Piaf starb am Morgen desselben Tages, Cocteau konnte im Rundfunk noch ein paar Worte über sie sagen: »C'est le bâteau qui coule...« Das Schiff sinkt! So ist es – unser Schiff sinkt.

228

Voll Verwunderung habe ich noch mal »Anna-Maria« gelesen. Erst jetzt begreife ich, wie unerträglich dieses Buch 45/46 gewesen sein mußte, aber meine Kühnheit erklärt sich hauptsächlich par l'inconscience, ja, ich ahnte nicht, was für eine Donquichotterie das war, daß ich buchstäblich allein gegen alle stand. Damals, als das Buch erschien, soll ein Professor der Universität Montpellier vom Katheder herab erklärt haben, ich würde, wenn ich mich in der Provence blicken ließe, erschlagen werden, und zu Recht! Keiner wollte glauben, daß ich die Garage, wo die Waffe entdeckt wurde, erfunden hatte, weil nach Erscheinen des Buches eine Waffe in der Garage gefunden wurde! Die Gefängnisse von Avignon und Frèn habe ich wirklich besucht, es ist also kein Roman, sondern eine Reportage – Ihr könnt Euch denken, wie die geschilderten Kollaborateure mich haßten! Sie sind alle schon ewig auf freiem Fuß, freuen sich ihres Lebens, und sie selbst oder ihre Kinder sind heute in der O.A.S.

Genausowenig aus den Fingern gesogen habe ich mir Deutschland, überhaupt ist alles noch so Phantastische *nach der Natur gemalt:* die bewaffneten Deutschen in dem Wald, das Schloß Sigmaringen, die Atmosphäre und die Villa in Tübingen (wo Oberst Voiron das Kommando hatte), die Geheimgänge – alles die reine Wahrheit, mit eigenen Augen gesehen. Es ist ein historischer Roman, wo nur die handelnden Personen fiktiv sind, offenbar aber so »naturgetreu« fiktiv, daß sich manch einer wiedererkennt... Und bis heute rächen sie sich grausam an mir, obwohl ich niemanden persönlich im Auge hatte und niemanden direkt beschrieb.

André ist sehr krank. Seine Gallenblase wurde herausgenommen, eine Operation von fünfeinhalb Stunden, und er ist 74. Jetzt machen die Nieren Schwierigkeiten, so daß eine zweite Operation auf ihn zukommt. Ich gehe ihn jeden Tag besuchen. Deinen Gruß habe ich ihm bestellt, Lili. Wenn er nicht weint, ist er heiter, gesprächig.

Er betet Aragon und die »Karwoche« an und war ganz gekränkt, als ihm Aragon sagte – »nur wegen der Pferde!« Er sprach von allen seinen Verwandten und ehemaligen Bekannten – welches Panorama... Man kann sagen, alle sind auf die eine oder andere Weise umgekommen. Ein Roman über den Untergang der alten französischen Bourgeoisie, und in alledem eine eiserne Logik wie in einer mathematischen Gleichung.

Seid sehr geküßt

Elja

6. Mai 1967

Eli! Aragoscha! Wie freut es, freut es, freut es uns, daß die Ausstellung auch alltags besucht wird! Ljowa hat ganz begeistert darüber geschrieben. Wir verstehen Dich, Eli, aber schade ist es schon, daß aus dem Buch nichts wird...

Zu »Gras des Vergessens«: über den ersten Teil maße ich mir kein Urteil an, obwohl Bunin in seinen Tagebüchern höchst mißfällig vom Autor dieses »Grases« spricht. Aber der zweite ist einfach unerhörtes Geschwindel. Noch nicht mal im Bereich des Wahrscheinlichen. Die Begegnung mit Block – ein Gespräch zweier Untalente (immerhin direkte Rede!). In Wirklichkeit war es so: Wolodja hatte Block aufgesucht; ihr Gespräch kam nicht in Gang; Block verschwand im Nachbarzimmer, blieb dort lange und brachte ihm schließlich ein Buch mit der Widmung: »Für Wladimir Majakowski, über den ich viel nachdenke. Alexander Block.« Orchideen und Torten! Davon kann nicht die Rede sein. Wolodja war damals bettelarm, wir haben ihn durchgefüttert. Und Jewreinow! Der Wolodja so liebte. Ausgeschlossen, daß er ihm mit Fasan den Mund wäßrig machte und ihn dann hungrig ziehen ließ. Wir erhielten von Jewreinows Frau einen empörten Brief. Daß Wolodja den Basarow spielen sollte, hatte Ossja angeregt. Wolodja ging begeistert darauf ein, und sie schlugen es

Meyerhold vor. Über den so ausgiebig geschilderten letzten Abend hatte ich mir nach den Aussagen von Nora und anderen Augenzeugen einiges notiert, es liegt in meinem Safe. Alles gelogen! Nichts stimmt. Auch den Kuß möchte ich bezweifeln. Ziemlich unwahrscheinlich. Usw. usw. usw. [...] Wassja ist ganz meiner Meinung und sogar noch wütender als ich. Er sagt, das über Wolodja sei nur geschrieben, um die Verneigung vor Bunin auszubalancieren. Ach, weiß der Teufel! ...

Wir sind in Peredelkino. Es nieselt.

Seid alle gegrüßt. Wir küssen, lieben Euch beide

Lilja, Wassja

Mühle, 21. 5. 67

Liebe Lilja und Wassja, ich spanne gerade ein bißchen aus... Die vorige Woche habe ich bis Donnerstag hier verbracht, am Montag war Feiertag und am Mittwoch Generalstreik, am Samstag kam ich wieder her. Im Frühling ist es in der Mühle am schönsten – die wundervollen Hyazinthen und Tulpen sind verblüht, jetzt hat der Hagedorn seine Zeit, alles leuchtet weiß.

Wie gut, daß die Ausstellung immer noch Publikum anzieht. Ich hatte nur auf den ersten Tag gesetzt, doch obwohl es bis Montreuil ziemlich weit ist (eine Autostunde, mit der Metro geht es freilich schneller und bis vor die Tür), kommen jeden Abend noch 300, 350 bis 500 Leute... Während des Films wird unter den Jugendlichen gelacht, es ist aber kein spöttisches, sondern ein freundliches, sympathisierendes Lachen: z. B., wenn die Mutter die Lehrerin bittet, ihren Sohn zu bessern, wenn er sie hinter jedem Baum zu sehen glaubt oder wenn er den Rocksaum küßt und die Jacke in den Graben wirft, damit das Fräulein trockene Füße behält usw.

Aus Rom kam ein Regisseur vom italienischen Fernsehen. Es wurden den ganzen Tag Aufnahmen gemacht, ein paar auch von mir, während ich Erläuterungen gebe.

E. Triolet und L. Aragon, Paris 1965

Mit Chém ist folgendes: Erinnert Ihr Euch an die Schriften, deren Korrekturen er brachte, auf diesem schönen Papier? Das warfen wir natürlich alles raus. Dann machte er fünf Panneaus, gleich ganz, ohne mir vorher die Entwürfe zu zeigen. Davon hat nur eins bestanden, eine riesengroße Fotografie: ein Futurist mit Zylinder, alles andere kam in den Müll! Er konnte sich überzeugen, daß ich nicht zu beschwatzen bin. [...] Was ich z. B. nicht haben wollte: über die ganze Bildfläche die Tür von Zelle 103..., so weit so gut, doch auf der Tür, wie Konfetti verstreut, die Porträts von allen möglichen Schriftstellern, die Wolodja angeblich im Gefängnis gelesen hat. »Um darzustellen«, so Chém, »daß hinter der Gefängnistür die Gedanken frei waren...« Ich darauf: »Nehmen Sie die Köpfe weg und schreiben Sie drauf, was er laut Autobiographie wirklich gelesen hat.« Für diese Änderung – soundsoviel mehr auf die Rechnung. Eine Strafe ... Aragoscha in seinem Kabinett nebenan geriet von diesen Streitereien in helle Verzweiflung. Eines Morgens, als die Arbeit erst halb ausgeführt war, rief Chém an: »Gestern war mein Sohn mit einem Freund da, er ist Architekt. Sie meinen, so was würde sich kein Franzose ansehen... Franzosen würden nach dem ersten Blick wieder kehrtmachen...« Das hat mich geknickt, man muß sich seiner Sache schon sehr sicher sein, um solchem Druck standzuhalten... Na, schließlich und endlich haben wir's doch noch geschafft. Chém machte mir jeden Tag eine Liebeserklärung und flehte mich an, die Ausstellung in einem Buch zu dokumentieren. Was ich mit dem Verleger übrigens längst vereinbart hatte, und zwar für September.

Wir waren so in Verzug geraten, daß wir die Ausstellung erst in letzter Sekunde fertigbekamen, einen Tag vor der Vernissage und am Tag selbst! Da konnte ich mir kein Eiapopeia mit Chém mehr leisten, mußte ich Schlag auf Schlag entscheiden. Mein Standpunkt – alles auf die Besucher hin zu arrangieren, seiner – auf Ästhetik! An die Massen glaubte er nicht... Und auf einmal sagte er: »Also nein, lassen Sie's mich machen, wie ich will. Bin kein Neuling! Ich denke nicht daran, die Panneaus nach Ihrem Geschmack, wie Ansichtskarten im Album eines Zimmermädchens anzuordnen!«

Das war der Gipfel. Ich ließ ihn abfahren, daß er sich nicht wiederfand. Er trug mir den Stuhl nach. »Bitte nehmen Sie's mir nicht übel, ich liebe Sie trotzdem!« Wie bedaure ich, daß mein Name auf dem Plakat neben seinem steht!

Aber letzten Endes ist die Ausstellung doch sehr gut geworden, die Franzosen lesen aufmerksam, alles der Reihe nach. Sie wurde gefilmt, nur leider nicht in Farbe, wodurch sie sehr verliert. Sobald ich Fotos habe, schicke ich welche.

Sorin und seine Frau haben sich die Ausstellung angesehen. Ich wußte es nicht, war nicht da.

Heute regnet es, da fällt's einem nicht so schwer, wieder abzufahren. Aragoscha macht allerdings der Regen nichts aus, seit dem Morgen steckt er im Wald, hackt den Pfad frei.

Nun, das wär's!

Viele, viele Küsse

Elja

Paris, 7. 9. 69

Dank Euch, liebe Wassjas, für den Brief und Dir, liebe Lili, fürs Postskriptum. Alles in allem war das ein Sommer, in dem sich Wetter und Krankheit die Waage hielten. Ich habe auch am Herd gestanden, ohne Maria – ihre Schwester ist gestorben, ich weiß nicht, schrieb ich davon? –, und bin treppauf, treppab gerannt... Rannte mir bis zu zwanzig Herzanfälle am Tag an den Hals, plus etliche nachts, wenn ich vor Schmerzen aufwachte.

Tja, so ist das, im Sommer kann man ruhig sterben, die Ärzte sind alle im Urlaub...

234

Der Inhalt von »Nachtigallennacht«, die jetzt »Die Nachtigall schweigt bei Tagesanbruch« heißt, also »Le rossignol se tait à l'aube«: alte Freunde, jetzt Greise, treffen sich irgendwo außerhalb der Stadt und verbringen gemeinsam eine Nacht, sitzen beisammen, ohne Licht zu machen, um einander nicht zu sehen. Ihr Zimmer blickt auf einen Park. Es sind zehn, darunter eine Frau... Die Nachtigall singt, bruchstückhafte Gespräche... Sie schläft halb, träumt von früher und heute... Die Träume werden in anderer Farbe gedruckt. Alles Menschen der Kunst, ihre Leben sind unterschiedlich verlaufen, aber jeder ist »zu Ansehen gelangt«... Was mir darin gefällt – die Einheit von Zeit und Ort und daß die Nacht irgendwie natürlich verläuft; was mir nicht gefällt – daß beispielsweise Aragon es hundertmal besser geschrieben hätte. Und ich es vielleicht sogar selbst hätte besser schreiben können.

»Les chambres«, das ist Aragoschas und mein Leben, nur ein Teil eines großen Poems. Ich zitiere es, ihre »Zimmer«, häufig in »Nachtigall«, erstaunlich, alles wie von einer Hand geschrieben. Zimmer, in denen wir wohnten, und alles, was mit ihnen verbunden ist. [...]

Ab wann seid Ihr wieder in Moskau? Damit man doch noch wenigstens eine lebendige Stimme hört aus der untergegangenen Stadt...

Ich küsse und küsse Euch

Elja

Anmerkungen

Erinnerungen

32 *O. M. Brik* (1888–1945) – Schriftsteller und Literaturkriti-
ker, Mitbegründer des Lef (Linke Kunstfront, eine von 1923
bis 1930 bestehende literarische Gruppe und Zeitschrift).
Elsa Triolet (1896–1970) – französische Schriftstellerin und
Übersetzerin, Mitglied der Résistance, Frau von Louis
Aragon.
L. A. Grinkrug (1889–1987) – Redakteur und Regisseur;
mit Majakowski, den Briks und E. Triolet befreundet.

34 *»Die Toteninsel«* – Gemälde von Arnold Böcklin (1829 bis
1901), dessen Bilder im Rußland der Jahrhundertwende in
Mode waren und zur Ausstattung jedes sich gutbürgerlich
dünkenden Haushalts gehörten.

39 *Sonka* S. S. Schamardin (1894–1980) – Freundin von Majakowski; ihre Erinnerungen an ihn erschienen in dem Almanach »Begegnungen mit der Vergangenheit«, »Sowetskaja Rossija« 6/88.
W. W. Chlebnikow (1885–1922) – bedeutender Dichter, der
dem russischen Futurismus nahestand.

42 *D. D. Burljuk* (1882–1967) – Maler und Dichter; von Jugend an mit Majakowski befreundet; einer der ersten russischen Futuristen; emigrierte 1920 zunächst nach Japan,
1922 in die USA und gab dort eine Zeitschrift heraus, in der
er wohlwollend über die sowjetische Kunstszene berichtete.
Majakowski traf sich in Amerika mit ihm. B. stand zeitlebens in Briefwechsel mit L. B. und hinterließ interessante
Erinnerungen an Majakowski, die noch unveröffentlicht
sind und sich im Zentralen Staatlichen Literaturarchiv der
UdSSR befinden.
W. W. Kamenski (1884–1961) – Dichter und Maler, einer der
ersten russischen Futuristen.

45 *B. A. Kuschner* (1888–1937) – Dichter und Literaturkritiker;
Mitarbeiter der Zeitschriften »Lef« und »Nowy Lef«.

48 *N. N. Kulbin* (1886–1917) – Maler und Kunsttheoretiker;
Hochschuldozent.
M. W. Matjuschin (1863–1934) – Kunsttheoretiker, Maler
und Komponist; Herausgeber der ersten Buchpublikatio-
nen des russischen Futurismus.

50   *Block* – »Block bin ich mal bei Kulbin begegnet«, schreibt Burljuk in seinen Erinnerungen. »›Wissen Sie, Alexander Alexandrowitsch‹, sagte ich, ›daß Majakowski Sie sehr verehrt, alle Augenblicke Verse von Ihnen deklamiert hat? Aber jetzt mag er Sie nicht mehr, und im wesentlichen habe ich das bewirkt.‹
›Warum taten Sie das?‹
›Weil diese Verehrung Majakowski hinderte, selbst zu schreiben und ein großer Dichter zu werden.‹
›Um Majakowski zu erschaffen, mußten Sie mein Schaffen herabsetzen?‹
›Ja, er mußte Mut kriegen. Soviel, wie nötig ist, daß sich das Schaffen der Futuristen von dem Ihren unterscheidet.‹
Block verstand mich nicht.
›Majakowski konnte erst dann Eigenes schreiben, als er Ihre Manier nicht mehr für richtig und gut hielt, die beschreibende Literatur verworfen und sich ganz der darstellenden zugewandt hatte.‹« (Zentrales Staatliches Literatur-Archiv, L.-Brik-Fonds)

52   *R. O. Jakobson* (1896–1982) – bedeutender Sprach- und Literaturwissenschaftler; Freund von Majakowski, Jugendgefährte von E. Triolet und L. B.; emigrierte in den zwanziger Jahren zunächst in die Tschechoslowakei, dann in die USA, wo er Professor an der Columbia-Universität wurde; stand zeitlebens in Briefwechsel mit L. B.

59   *brachte uns zwei Mittagessen ein.* – »1970 erschien beim Verlag ›Kunst‹ ein Buch von N. Chardshijew und W. Trenin mit dem Titel ›Die poetische Kultur von Majakowski‹. Aus ihm erfuhr ich zu meiner Freude, daß sich unser kleiner handschriftlicher Band angefunden hatte. Er enthielt auch mehrere Zeichnungen Majakowskis zur ›Flöte‹«. (L. B.)
ROSTA – Russische Telegrafenagentur.
P. M. Kershenzew (1881–1940) – Literat und Kultur-Funktionär.

81   *weniger darf ich nicht essen* – Im Original wieder russisch.

88   *Koljas* – N. Assejew (1889–1963); Lyriker; Mitglied des Lef

90   *Wolossik* – Eigenwillige Koseform von »Wolodja«, die auch »Härchen« bedeutet. (D. Üb.)

98   *Pieter* – Umgangssprachlich für »Petersburg«.

101 *Aber so war es nun einmal nicht!* – Aus: O. Brik. Erinnerun-

gen an Majakowski. Zentrales Staatliches Literaturarchiv, Moskau.

102 *Mosselprom* – Staatlicher Moskauer Lebensmittelkonzern.

110 *Narkompröschen* – Von Narkompros – Volkskommissariat für Bildungswesen.
Efröschen – Gemeint ist A. Efros.

112 *Sascha Tschorny* – Eigtl. Alexander Kliberg (1880–1932); Lyriker, für den eine Synthese von Satire und Lyrik charakteristisch ist; emigrierte 1920 nach Deutschland; laut O. Brik hielt T. nichts von Majakowskis Gedichten, M. hingegen schätzte ihn sehr.

119 *»Geben Sie ein Mittagessen mir und ...«* – Im Original deutsch (eine Anlehnung an Heine).

120 *WZIK* – Zentrales Exekutivkomitee der Räte der Arbeiter- und Bauerndeputierten.

126 *als die Wohnung Museum wurde* – Als die »Erinnerungen« entstanden, war das Majakowski-Museum noch in Funktion.
Mosdrew – Staatlicher Konzern für holzverarbeitende Industrie im Gouvernement Moskau.

127 *aus Jux geschenkt* – Ein Geschenk, mit dem sich der junge Futurist über Kitsch, den »Geschmack des Kleinbürgers«, lustig machte. L. B. gefiel aber der Läufer, bis zu ihrem Lebensende hing er in ihrem Zimmer.

128 *Iso* – Komitee für bildende Kunst beim Volkskommissariat für Bildungswesen.

129 *W. L. Shemtschushny* (1898–1966) – Filmregisseur, Mitglied des Lef; mit Majakowski und den Briks befreundet.

134 *P. A. Markow* (1897–1980) – Theaterwissenschaftler und Literaturkritiker; damals leitender Dramaturg am Moskauer Künstlertheater.
V. W. (Nora) Polonskaja – damals Schauspielerin am Moskauer Künstlertheater. 1929 wollte L. B. sie für eine Rolle in »Das gläserne Auge« engagieren. Letzte Geliebte Majakowskis.

135 *Welossipedkin* – Gestalt aus »Schwitzbad«; in der Übersetzung von Hugo Huppert (Volk und Welt, 1967) heißt er »Radlflitz«.

136 *N. A. Brjuchanenko* (1905–1984) – damals Lektorin beim Staatsverlag.
zu einem Buch zusammen. – Gemeint sind die Texte der »ROSTA-Fenster«.

136 *S. Sweschnikowa* – Kostümgestalterin; mit Majakowski und L. B. befreundet.

137 *Zwöwlam* – Zwölftes Jubiläum Wladimir Majakowski.

Ref – Revolutionäre Kunstfront – literarische Gruppe, die von Majakowski Ende Mai, Anfang Juni 1929, nach seinem Austritt aus dem Lef, ins Leben gerufen worden war.

139 *Rapp* – Russische Assoziation proletarischer Schriftsteller (1925–1932).

140 *Den ersten Teil seiner Aufzeichnungen* – Sie befinden sich heute im Zentralen Staatlichen Literaturarchiv im L.-Brik-Fonds.

143 *T. A. Jakowlewa* – in Paris lebende russische Emigrantin. Über sie schreibt E. Triolet in ihren Erinnerungen an Majakowski »Der kämpferische Dichter« (Zeitschrift »Slowo«, Moskau 1990, Nr. 7):

»... Tatjana Jakowlewa und Majakowski hatten 1928 in Paris ein Verhältnis; es ›schlug sich in seinen Versen nieder‹ und ist ›daher von Interesse‹. Als ich Tatjana kurz vor Majakowskis Ankunft kennenlernte, sagte ich zu ihr: ›Ja, Sie sind Majakowski gewachsen.‹ Aufgrund dieser Bemerkung (die scherzhaft gemeint war) machte ich sie miteinander bekannt. Und Majakowski hat sich auf den ersten Blick in sie verliebt.

Er hatte damals den Wunsch, sich zu verlieben, war bewußt darauf aus... Tatjana war schön und blutjung, kaum über zwanzig, schlank und langbeinig, strahlendblond, sie schminkte sich recht kräftig, trug ›Pelz und Perlen‹ ... Sie hatte etwas Frisches, Übermütiges, überschäumend Lebensbejahendes, eine impulsive Art zu reden; sie schwamm, spielte Tennis, zählte ihre Verehrer ... Ich weiß nicht, wie Tatjana geworden wäre, wäre sie in Rußland geblieben, die Jahre der Emigration hatten jedenfalls Snobismus, den Hang zur besseren Gesellschaft und zu einer komfortablen Ehe in ihr entwickelt. Sie hatte Erfolg.

Seine Liebe schmeichelte ihrer Eigenliebe und Selbstgewißheit, schien ihr ihre Unwiderstehlichkeit, Schönheit und Besonderheit zu bestätigen, daher hat sie sie überschätzt ... Eine Rückkehr nach Moskau kam für sie schon allein deshalb nicht in Frage, weil sie Paris in jeder Weise vorzog. Außerdem ahnte sie, daß Moskau auch Lilja bedeutete. Sicherlich hat sie nicht gewußt, daß die einzige

242

Frau, die Majakowski je wirklich besaß, Lilja war, daß Lilja und Majakowski, was auch zwischen ihnen gewesen sein mochte, untrennbar zusammengehörten, verbunden durch ihre Liebe, ihre gemeinsam durchlebten Jahre und gemeinsam erlittenen Entbehrungen, die Gemeinsamkeit ihrer Interessen und ihres literarischen Kampfes, ihre gegenseitige Hingabe auf Leben und Tod, daß sie durch die Gedichte untrennbar miteinander verbunden sind und daß die Jahre das Band zwischen ihnen nicht geschwächt, sondern nur gefestigt hatten ...

Wo hätte Wolodja einen Menschen gefunden, der ihm ähnlicher gewesen wäre als Lilja? Das wußte Tatjana nicht, konnte sie nicht wissen, aber sie wußte eines – daß Wolodja ihr in Moskau entgleiten würde. Darum zog sie dem schwierigen Majakowski in dem schwierigen Moskau das leichte Wohlleben mit einem französischen Mann aus ›gutem Hause‹ vor. Selbst während ihrer Liaison mit Majakowski hielt sie die Beziehung zu ihrem künftigen Ehemann aufrecht.«

Briefwechsel mit Wladimir Majakowski

151 *Moskau-Riga* – L. B. war in einer M.s Werkausgabe betreffenden Angelegenheit nach Riga gefahren, dort hoffte sie auch ein Visum für eine Reise nach England zu ihrer Mutter zu bekommen.

mein angebetetes Füchslein! – Die Übersetzung folgt der zuweilen eigenwilligen, bewußt regelwidrigen Orthographie des Originals. (D. Üb.)

G. B. Winokur (1896–1947) – bekannter Sprachwissenschaftler; leitete damals das Pressebüro des Konsulats der RSFSR in Lettland. Nach einem Besuch in Moskau wollte er nach Riga zurückfahren.

152 *Deine Bemühungen* – M. hatte sich in Moskau um ein Visum für L. B. bemüht.

153 *Mischa* – L. Grinkrugs Bruder, der in Berlin lebte.

Lilja – Im handschriftlichen Original hinter der Unterschrift eine gemalte Katze.

154 *Wlad. Alex.* – W. A. Karemin, Charkower Bekannter von M.
Das Poem – Das Poem »IV. Internationale«.
zu meinem Geburtstag – 11. November 1891

155 *Dein Päckchen* – In Moskau herrschte Hunger; L. B. schickte
M. und Brik Lebensmittel aus Riga.
Glawpolit – Hauptverwaltung für Schulbildung und Polit-
aufklärung Erwachsener beim Volkskommissariat für Bildungswesen, wo M. an den »ROSTA-Fenstern« arbeitete.

156 *Ginsburg* – Sinaida; sie und ihre Schwester waren Bekannte
von L. Grinkrug, Majakowski und Brik.

158 *L. G. Elberg* (1900–1946) – Bekannter von Majakowski und
O. Brik; damals Mitarbeiter des Volkskommissariats für
Auswärtige Angelegenheiten.
um Amerika bemühen – Nach Amerika fuhr M. erst 1925.

159 *Lilja* – Im handschriftlichen Original hinter der Unter-
schrift eine gemalte Katze.
Paris-Moskau – M. traf am 2. November in Paris ein und
hielt sich dort anderthalb Monate auf.
und den verträgen? – Als M. in Paris war, kümmerte sich L.
B. um seine Ausgabe, las Korrekturen usw.
André – André Triolet (1889–1963) – erster Mann von
E. Triolet.
Léger – M. hatte F. Léger 1922, bei seinem ersten Paris-
Besuch, kennengelernt.
M. F. Larionow (1881–1964) – russischer Maler, der nach
Frankreich emigriert ist.
Tamara – T. J. Begljarowa – in Paris lebende Bekannte von
E. Triolet.
Chodassewitschs – Die Malerin Valentina Chodassewitsch
(1894–1970) und ihr Mann A. R. Diederichs (1884–1942).

161 *Nicht der Dichter natürlich!* – Der Dichter Wl. Chodassewitsch hatte scharf ablehnende Kritiken über M. geschrieben.
I. M. Sdanewitsch-Iliasd (1894–1975) – futuristischer russischer Dichter, der nach Frankreich emigriert ist.
Sammle für osschen ... – O. Brik arbeitete damals in der Wer-
beabteilung des Staatlichen Moskauer Lebensmittelkon-
zerns.
schottchen – Name des schottischen Terriers, den L. B. aus
England mitgebracht hatte.

162 *Kolchen* – N. Assejew.

Xanchen – Oxana, Frau von N. Assejew

A. S. Lewin – Maler

Jewpatorija – M. las am 7. Juli in Simferopol und am 8. und 9. in Jewpatorija.

Moprer – Mopr – Internationale Organisation zur Unterstützung verdienter Revolutionäre (1922–1947).

und ließen sogar die Veranstaltung platzen – In Sewastopol wurde die für den 6. Juli im Schmidt-Klub angesetzte Lesung kurzfristig abgesagt. Am 8. Juli publizierte M. in der Zeitung »Majak kommuny« (Leuchtturm der Kommune) einen offenen Brief, in dem er sich bei dem vergeblich gekommenen Publikum entschuldigte. In einer Anmerkung der Redaktion wird bestätigt, daß für den Ausfall der Veranstaltung die Veranstalter verantwortlich waren.

163 *Das mir Peinlichste dabei* – L. B. schrieb in ihrem Antwortbrief: »Um uns mach Dir keine Sorgen. Erhol Dich schön, solange es Dir noch nicht über ist.«

164 *nach Eurem Drehbuch* – L. B. arbeitete zu dieser Zeit als Regieassistentin in der Gruppe von Abram Room, die einen Film über die jüdischen Kolonien auf der Krim machte. Der Anfang des Drehbuchs ist offenbar eine Gemeinschaftsarbeit von M. und Schklowski.

Vitja – V. B. Schklowski (1893–1984).

Ich sause – Während dieser siebentägigen Reise – vom 22. November (Lesung in Woronesh) bis zum 29. November (Lesung in Krasnodar) – bestritt M. neun Lesungen. Am 30. November und am 1. Dezember sollte noch je eine in Noworossijsk und Stawropol stattfinden, doch M. war so überanstrengt, daß er absagen mußte.

Ich lese jeden Tag – Bei der Lesung in Nowotscherkassk am 27. November hielt M. den Vortrag »Pope oder Meister«. In Rostow trat er am 28. gleich zweimal auf.

166 *Das Leben ist gefährlich* – In E. Triolets Erzählung »Die Landsmännin« heißt ein Kapitel »Die Gefährlichkeit des Lebens«.

ob ich nach Kiew fahre – M. fuhr am 30. November weiter nach Kiew (zu Arbeiten an einem von der ukrainischen Film- und Fotoverwaltung in Auftrag gegebenem Drehbuch). Nach Moskau kehrte er am 5. Dezember zurück.

245

166 *sieh nach Lef* – Die erste Nummer der Zeitschrift »Neuer Lef«, deren verantwortlicher Redakteur M. war, sollte im Dezember 1926 herauskommen, die Zeitschrift lief aber erst im Januar 1927 an.

Bekanntinnen sind aufgekreuzt – Nach Nizza fuhr M., um sich mit Mrs. Elly Jones zu treffen, der Mutter seiner Tochter. Elly Jones wurde am 13. Oktober 1904 in Rußland geboren. Sie stammt aus einer wolgadeutschen Familie und hieß mit Mädchennamen Jelisaweta Silbert. Anfang der zwanziger Jahre lernte sie den Engländer G. Jones kennen, der im Rahmen der weltweiten Aktion »Hilfe für das hungernde Rußland« nach Rußland gekommen war. Sie heiratete ihn und ging mit ihm zunächst nach England, dann in die USA. Hier schieden sich ihre Wege. M. lernte sie auf einer literarischen Veranstaltung im August 1925, kurz nach seiner Ankunft in Amerika, kennen. Es entwickelte sich zwischen ihnen eine stürmische Romanze. Am 15. Juni 1926, als M. längst wieder in der UdSSR war, wurde ein Mädchen geboren – Helen Patricia. Bei dem Treffen in Nizza ging es M. darum, seine kleine Tochter zu sehen. Fotos von der dreijährigen Helen Patricia und mehrere Briefe von E. Jones wurden zunächst im Majakowski-Archiv, später bei L. B. aufbewahrt und befinden sich heute im Zentralen Staatlichen Literaturarchiv der UdSSR. Nach seiner Rückkehr aus den USA erzählte M. L. B., daß er ein Kind haben werde, und später – daß eine Tochter geboren wurde. (1925 hatten M. und L. B. ihre intimen Beziehungen bekanntlich gelöst und verhehlten es einander nicht, wenn sie in jemand anderes verliebt waren). »Wolodja sagte mir, in Amerika habe sich die Frau eines Arztes in ihn verliebt und sich ein Kind von ihm gewünscht«, erzählte mir L. B. in den fünfziger Jahren. »Sie stammt aus Rußland. Später besuchte er sie und das Kind in Nizza, langweilte sich aber mit ihr und fuhr bald wieder ab.«

Nach M.s Tod unternahm L. B. mehrere Versuche, Mrs. Jones und ihre Tochter ausfindig zu machen. Sie schrieb an die auf den Kuverts angegebene Adresse und an eine weitere aus M.s Notizbuch. Außerdem wandte sie sich an D. Burljuk, E. Triolet, R. Jakobson und die sowjetische Vertretung, aber

246

ohne Ergebnis. »Wahrscheinlich hat die Tochter geheiratet und heißt jetzt anders«, vermutete sie. »Vielleicht ist sie auch in ein anderes Land gezogen... Dann der Krieg... Die Spuren scheinen verloren zu sein.«

Wie sich unlängst herausstellte, hat Helen Patricia Thompson seit ihrem 9. Lebensjahr von ihrer Herkunft gewußt, doch weil es ein »Familiengeheimnis« war, entschloß sie sich erst 1990, nach dem Tod ihrer Mutter und ihres Stiefvaters, an dem sie sehr gehangen hatte, sich zu melden. Sie hat einen Sohn, der 1941 geboren wurde – Majakowskis Enkel! Sie ist Professorin, Spezialistin für Familienpsychologie, Autorin von 10 Büchern und zahllosen Artikeln und wissenschaftlichen Beiträgen. Sie lebt heute in New York.

168 *Piscator ist vorläufig abgebrannt* – M. wollte Piscator das Stück »Die Wanze« anbieten, doch die 1927 gegründete »Piscator-Bühne« hatte 1928 pleite gemacht.

»Malik« – Der Vertrag mit dem Malik-Verlag kam erst am 20.2.1929 zustande.

den Autosalon besichtigt – M. wollte ein Auto kaufen, was ihm wenig später, nach großen Mühen, auch gelang.

Chronik – M. bemühte sich im Ausland um Ausschnitte aus Nachrichtenchroniken für L. B.s Film »Das gläserne Auge«, in den auch größere Teile aus Rutmans Film »Berlin – Sinfonie einer Großstadt« aufgenommen wurden.

169 *Bulka* – L. B.s Hund, eine französische Bulldogge.

mein Filmchen – »Das gläserne Auge«

das nächste Drehbuch – Das Drehbuch »Liebe und Pflicht«, das dann aber nicht realisiert werden konnte.

L. Kulischow – bekannter russischer Filmregisseur.

Vitali – V. L. Shemtschushny – Coregisseur bei diesem Film.

170 *Amtorg* – Amerikanisch-sowjetische Aktiengesellschaft für Handelsbeziehungen.

Ersatzteile für einen Ford – M. kaufte L. B. keinen Ford, sondern einen Renault, mit dem sie durch Moskau und sogar von Moskau nach Leningrad fuhr.

Njutas – *N. Simon,* Freundin von E. Triolet.

Pudowkins – Der Filmregisseur W. I. Pudowkin und seine Frau.

171 *Dein {Kätzchen}* – Statt der Unterschrift im handschriftlichen Original eine gemalte Katze.

171 *ihr Büchlein* – E. Triolets in russischer Sprache geschriebener Roman »Schutzlicht«.

A. N. Tichonow (1880–1956) – Verleger und Journalist.

hat unsereins vergessen. – L. B. hatte M. verschiedene Fotos geschickt – von Schneid, dem Hund der Hotelchefin, und ein paar von sich mit einem Löwenjungen auf dem Arm, die im Berliner Zoologischen Garten aufgenommen wurden.

172 *wenn Du Dir meine Aufführung ansiehst* – L. B. hatte M. am 2. März geschrieben: »Die ›Wanze‹ in Frankfurt ist noch nicht soweit, aber wenn sie auf die Bühne kommt, fahre ich zur Premiere«, am 13. März: »Ein ewiges Hin und Her mit der ›Wanze‹: drei Übersetzungen in Deutschland (laut Marjanow), drei in Frankreich! Die Premiere verzögert sich…«, und am 22. März: »Irgendwie hört man von der Frankfurter Premiere nichts mehr.«

Uraufführung von »Schwitzbad« – Am 16. März im Meyerhold-Theater. In einem Brief vom 26. März fragt L. B.: »Wie läuft ›Schwitzbad‹? Hast Du viel weitergeschrieben an dem neuen Poem?« Dieser Brief ist nicht mehr beantwortet worden.

M. M. Strauch – Spielte die Rolle des Pobedonossikow (in der Übersetzung von Hugo Huppert [Volk und Welt, 1967] heißt die Gestalt »Trutzwackerl«).

Meyerholds nach Berlin. – Das Meyerhold-Theater begab sich Ende März zu Gastspielen nach Berlin und Paris.

in Saratow gefallen. – Ein Teil der Meyerhold-Truppe sollte in Saratow gastieren.

Elsa und Aragon – E. Triolet und L. Aragon hatten sich in Berlin mit L. B. getroffen.

Briefwechsel mit Ossip Brik

175 *Euch* – Der Brief ist an O. B. und Majakowski adressiert.

A. Gai – Konsulatsangestellter.

daß es klappt. – L. B. wartete in Riga auf ein Visum für eine Reise nach London.

André – A. Triolet (s. auch S. 244).

248

176 *4 Tage gedreht.* – Dreharbeiten zu dem Film »Das gläserne Auge«; »Zimmer des Kameramanns« – eine Episode dieses Films.

unsere Heldin – Gespielt von V. W. (Nora) Polonskaja.

177 *Wolodja kam* – Majakowski war am 2. Mai aus Paris wiedergekommen.

Auf der Krim – Majakowski war am 6. August zu Lesungen auf die Krim gefahren.

Pascha – Haushälterin

Stanchen Gurwiz – Bekannte von L. B., O. B. und Majakowski

Shenchen – J. G. Shemtschushnaja (geb. Sokolowa; 1900–1982); ab 1925 mit O. Brik verheiratet.

Natascha – Haushälterin.

Zuteilung – Zu dieser Zeit waren die Einwohner in bestimmten Geschäften zum Erwerb von Lebensmitteln registriert.

»Sammelband« – Arbeitstitel von »Almanach mit Majakowski«, der 1934 im Verlag »Sowetskaja literatura« erschien.

Xana – Frau von N. Assejew.

178 *Klawchen* – Frau des Dichters S. Kirsanow.

Sjoma – S. J. Kirsanow (geb. 1906).

L. M. Leonow (geb. 1899) – sowjetischer Schriftsteller; bekanntgeworden als Autor des Romans »Der russische Wald«; W. A. Katanjan hatte in der Zeitung »Wetschernaja Moskwa« ein literaturkritisches Feuilleton über ihn geschrieben.

Oleg Leonidowitsch – O. L. Leonidow; Literat, mit dem O. B. oft zusammenarbeitete.

R. Alberti (geb. 1902) – spanischer Dichter.

V. M. – Primakow, General der Roten Armee; ab 1931 mit L. B. verheiratet; wurde 1937 zusammen mit anderen hohen Militärs verhaftet und erschossen.

»Lenin« – Oratorium des Komponisten W. Schebalin (1900–1982) nach Majakowskis Poem »Wladimir Iljitsch Lenin«.

179 *»Sowetskoje iskusstwo«* – Sowjetische Kunstzeitschrift.

Shelobinski – Nach Libretti von O. B. schrieb der Komponist W. Shelobinski die beiden Opern »Der Bauer von Kamarin« (1933) und »Namenstag« (1935).

249

179 ›*Fiktive Ehe*‹ – Titel eines Libretto-Vorhabens, das sich aber zerschlug.

S. Samossud (1884–1964) – Dirigent; damals künstlerischer Leiter des Leningrader Kleinen Opserntheaters, wo er die Proben zu »Der Bauer von Kamarin« leitete.

180 *Aragon* – L. Aragon hielt sich zu dieser Zeit in Moskau auf.

MORP – Internationale Organisation revolutionärer Schriftsteller

»*Uskoje*« – Sanatorium bei Moskau.

Richter – Ein aus Berlin zu Besuch gekommener Bekannter von O. B.

181 »*Majakowski-Brigade*« – Eine Gruppe von Schriftstellern und Artisten, die sich Anfang der 30er Jahre zusammengetan hatte, um Majakowskis Werke zu propagieren.

»*Zurück zum gelben Hemd*« – Symbol der skandalumwitterten Futuristenauftritte der 20er Jahre.

»*Kleopatra*« – Ein von O. B. geschriebenes Drehbuch für einen Stummfilm.

182 »*Semperante*« – Theater in Moskau

Oleg Leonidowitsch – O. B. und O. L. Leonidow hatten Turgenews Roman »Väter und Söhne« fürs Moskauer Wachtangow-Theater inszeniert.

183 *Jassenskis* – Für die Zeit ihrer Reise hatte L. B. den Hund Bulka bei der Familie des Schriftstellers B. Jassenski untergebracht.

184 *P. Lawut* – Majakowskis Impresario.

mit den Pässen – 1933 wurde in der UdSSR eine neue Paßordnung eingeführt.

185 »*Vorspiel*« – Stück von J. German.

Pudowkin und Golownja – Regisseur und Kameramann, die zuvor nach einem Drehbuch von O. B. den Film »Die Nachkommen Tschinggis-Chans« gemacht hatten.

»*Diktatur des Herzens*« – Die Inszenierung ist nicht zustande gekommen.

186 *ein sehr netter Mensch* – J. M. Magalif – Angestellter der sowjetischen Handelsvertretung in Deutschland.

187 *kommt Vitali zurück* – V. M. Promakow war in dienstlichen Angelegenheiten in verschiedene Städte Deutschlands gefahren.

188 *me lacht* – So im Original.

189 *»Ein Leben für den Zaren«* – Oper von Glinka. Mitte der 30er Jahre wurde das Libretto geändert und die Oper in »Iwan Sussanin« umbenannt.

S. Jutkewitsch – Regisseur und Maler; mit Briks befreundet.

mit seinem Film – »Der Deserteur«

wohl eine Komödie – »MMM«; die Komödie ist nicht realisiert worden.

G. Alexandrow – Filmregisseur; bereitete damals die Verfilmung der Musikkomödie »Fröhliche Leute« vor.

190 *am 14.* – Majakowskis 3. Todestag.

Lengichl – Leningrader Filiale des Gichl-Verlages.

193 *»Der Bauer«* – »Der Bauer von Kamarin«. Die Oper wurde am 10. 10. 33 im Leningrader Kleinen Openntheater uraufgeführt; Regie K. Twerskoi.

194 *N. R. Erdman* (1902–1970) – sowjetischer Dramatiker.

Sterenbergs – Der Maler D. Sterenberg und seine Frau.

Elbert – Mitarbeiter der GPU; Bekannter von L. und O. B. und Majakowski.

195 *Da hat Dir Elsa* – E. Triolet hatte auf ihrer Rückreise nach Paris in Berlin Station gemacht und sich mit L. B. getroffen.

Ausländerversorgung – In Moskau gab es Sondergeschäfte für die Versorgung von Ausländern.

Briefwechsel mit Elsa Triolet

202 *Hausherrn* – Gemeint ist J. Stalin.

einer seiner engsten Mitarbeiter – N. Jeshow, damals ZK-Sekretär.

unser ganzes Martyrium – Nach seinem Tod wurde Majakowski kaum noch gedruckt, seine Stücke und Bücher verschwanden aus den Spiel- und Verlagsplänen. Außerstande, die Barrieren der Bürokratie zu durchbrechen, wandte sich L. B. mit einem Brief an Stalin, die einzige Möglichkeit damals, an der entstandenen Situation etwas zu ändern.

schriftlichen Bemerkung – »Gen. Jeshow, ich bitte Sie sehr, sich des Briefs der Brik zu widmen. Majakowski war und bleibt der beste, talentierteste Dichter unserer Sowjetepoche. Gleichgültigkeit vor dem Andenken an ihn und seine Werke ist ein Verbrechen. Briks Beschwerde ist meines Erachtens berechtigt. Setzen Sie sich telefonisch mit ihr (Brik) in Verbindung oder lassen Sie sie nach Moskau kommen. Ziehen Sie Tal und Mechlis hinzu und tun Sie bitte alles, was von uns versäumt wurde. Sollte meine Hilfe erforderlich sein, bin ich bereit.

Gruß! J. Stalin«

203 *W. Tal* – Leiter einer ZK-Abteilung; wurde nicht lange danach verhaftet und erschossen.

Njutas – Simon (s. auch S. 247)

Maria-Theresa León – spanische Schriftstellerin; Bekannte von L. B. und E. T.

Aragoschas Buch – L. Aragon arbeitete an dem Roman »Die Glocken von Basel«.

204 *»Ce Soir«* – Ab 1937 war L. Aragon Chefredakteur der Pariser Abendzeitung »Ce Soir«.

Joséphine Baker usw. – »Etoiles« des französischen Varietés.

Lelong – Chef einer Modefirma.

Jeanne – Moussignac, Journalistin

Wand der Kommunarden – zur Unterstützung des republikanischen Spanien.

205 *Wie findest Du* – E. T. war bei »Ce Soir« für den Modeteil zuständig.

206 *»Le cœur a ses raisons.«* – Das Herz hat seine Gründe (die die Vernunft nicht kennt); franz. Sprichwort.

»Le danseur inconnu« – Der unbekannte Tänzer.

207 *Tante Ida* – J. J. Kasan (1912–1942) – Schwester der Mutter.

Ihr beide Helden seid – L. A. und E. T. waren aktiv in der Resistance tätig gewesen.

»Les yeux d'Elsa«, »Crève-Cœur« – »Elsas Augen«, »Das Herzeleid« – Gedichtbände von L. Aragon.

»Krokodil« – Sowjetische satirische Zeitschrift.

Ljowa – L. Grinkrug.

Nadjuscha und Lisotschka – Kindheitsfreundinnen von E. T.

208 *Wassja Katanjans* A. Katanjan (1902–1980) Literaturwissenschaftler, Majakowski-Forscher; ab 1938 mit L. B. verheiratet.

Annuschka – L. B.s Haushälterin; beschrieben in Majakowskis Poem »Darüber«.

Jean-Richard – J.-R. Bloch (1884–1947); französischer

Schriftsteller; ab 1937 zusammen mit L. Aragon Chef-redakteur von »Ce Soir«; lebte ab 1941 in der UdSSR, wo er beim Rundfunk arbeitete.

208 »*Les voyageurs d l'Impériale*« – »Die Reisenden der Ober-klasse«

210 *Georges Sadoul* – französischer Filmkritiker und Publizist; viele Jahre Aragons Mitarbeiter bei den »Lettres Françai-ses«; mit L. B., E. T. und Aragon befreundet.

211 »*Le Cheval Blanc*« – »Das Weiße Pferd« – Roman von E. T.

212 »*Wau*« – Bändchen von L. B., das 1942 in Molotow (Perm) erschienen war; ist in die »Erinnerungen« eingegangen.

Habe das Russischsprechen – Am Kopf des Briefes hatte L. Ara-gon beigefügt: »Chère Lili, je vous embrasse bien fort, et Ossia, et Genia, et Vassia, tous cela a été très dur de rester si longtemps sans nouvelles. Vous savez bien que notre cœur est resté tout le temps chez vous. Louis.« (Liebe Lili, ich um-arme Sie und Ossia und Genia und Vassia, es war sehr schwer, so lange ohne Nachrichten zu sein. Sie wissen gut, daß unser Herz all die Zeit bei Ihnen geblieben ist. Louis.)

213 *Deinen neuen Roman* – »Keiner liebt mich«, 1946.

»*Alexis*« – »Alexis Slavsky«. Erzählung von E. T.

»*Engelchen*« – Stück von Ch. A. Puchet; seine Aufführung in der Übersetzung von L. B. wurde von der Zensur verboten.

»*Weggefährten*« – Erzählung von V. Panowa.

214 »*Der ungebetene Gast*« – Das Stück ist unvollendet geblieben.

F. Kohen – Korrespondent der »Humanité« in Moskau.

Litgaseta – Literaturnaja Gaseta; sowjetische Literatur-zeitung. Hier ist davon die Rede, daß E. T.s Werke in der UdSSR unter Schwierigkeiten, mit langen Verzögerungen herausgebracht werden.

»*Fedotow*« – E. T. hatte dieses Buch von V. Schklowski über-setzt und Illustrationen dazu zusammengestellt; es heraus-zubringen gelang ihr aber nicht, außerdem wollte Schklow-ski eine neue, überarbeitete Fassung übersetzt haben.

irgendeiner Kapelle – Chapelle de Vence.

215 *d'une essence divine* – Göttlichen Ursprungs

»*Mille Regrets*« – »Tausendfältiges Bedauern« – Roman von E. T., der 1947 erschienen war.

Sascha – A. A. Fadejew (1901–1956) – sowjetischer Schrift-steller.

215 *»Inspektor«* – »Der Inspektor der Ruinen« – Erzählung von E. T.

217 *verfluchte Treppe!* – L. B. wohnte im 5. Stock und hatte mit ihrer Herzschwäche Schwierigkeiten beim Treppensteigen.

Mühle – E. T.s und Aragons Landhaus bei Paris, eine umgebaute Mühle.

Das Buch erschien – Die Biographie und von E. T. übersetzte Gedichte von Majakowski.

219 *Biot* – Ortschaft, in der ein Léger-Museum eingerichtet wurde.

»Rosen auf Abzahlung« – Aus der Romantrilogie »Das Nylonzeitalter«.

220 *Georges* – Beauquier, Maler; Schüler von F. Léger, dessen Witwe, Nadja Léger, er später heiratete.

Joliots – Frédéric Joliot-Curie (1900–1958), französischer Physiker; Mitglied der KPF.

»Le Cheval Roux« – »Das Rote Pferd«.

über meinen Artikel – In diesem in »Lettres Françaises« erschienenen Artikel hatte E. T. Pasternak angegriffen.

»Autobiographie« – In seiner »Autobiographie«, die in Frankreich erschienen ist, schreibt Pasternak, Majakowski sei nach Stalins Resolution auf dem Brief von L. B. »gewaltsam eingeführt« worden »wie unter Katharina die Kartoffel«.

»Anthologie russischer Poesie« – Erschien 1965 beim Pariser Seghers-Verlag. E. T. hatte nicht nur die Herausgabe besorgt, sondern auch zahlreiche Nachdichtungen: Chlebnikow, Zwetajewa, Sluzki, Wosnessenski und viele andere. L. B. und W. Katanjan waren ihr bei der Zusammenstellung von Moskau aus behilflich, schickten Bücher, berieten sie, stellten Kontakt zu Autoren her usw.

221 *Roma* – R. Jakobson.

222 *Nadja* – N. Léger

Majas – Die Tänzerin M. Plissezkaja war gerade aus Paris zurückgekehrt.

Roma – E. T. hatte R. Jakobson zu dieser Arbeit herangezogen.

C. Frioux – französischer Literaturkritiker und Übersetzer.

223 *»Tag der Poesie«* – Ein alljährlich in Moskau stattfindendes Poesiefestival.

254

223 *leckeres Stück Chlebnikow* – Für die »Anthologie russischer Poesie«.

224 *Georges Soria* – Literat, mit L. B. und E. T. befreundet.

Dominguin – Berühmter Matador, Liebling von Picasso.

»Tarussaer Seiten« – Sammelband mit literarischen Texten, Malerei und Graphik, 1961 in Kaluga erschienen.

Bulat Okudshawa (geb. 1924) – sowjetischer Lyriker und Romancier, bekannter Liedermacher.

Demjan Bedny (1883–1945) – sowjetischer Dichter.

225 *D. Abidin* – türkischer Maler.

227 *K. Simonow* (1915–1979) – sowjetischer Schriftsteller

Folklore! – Angeregt von dieser Episode, schrieb Wosnessenski das Gedicht »Majakowski in Paris«, das mit den Worten beginnt: »Lilja liegt auf der Brücke ...« Es erschien in mehreren Ausgaben von ihm, häufig trug er es bei seinen Veranstaltungen vor. Die von K. Simonow gemachten Fotos erschienen in der sowjetischen Zeitschrift »Junost«.

Wie uns Solshenizyn – Aragon wollte »Ein Tag im Leben des Iwan Denissowitsch« in seiner Reihe »Sowjetische Literatur« herausbringen, doch ein anderer Verlag kam ihm zuvor.

P. Daix – linksgerichteter französischer Schriftsteller.

Lagerliteratur – Die französische Literatur über die nationalsozialistischen Lager in Frankreich während des Krieges.

228 *»Der Gott«* – Ein Anti-Stalin-Gedicht des sowjetischen Dichters B. Sluzki.

229 *»Anna-Maria«* – 1945 entstandener Roman von E. T., der im okkupierten Frankreich spielt.

O. A. S. – Geheimorganisation der französischen Armee.

230 *»Karwoche«* – Roman von L. Aragon.

»nur wegen der Pferde!« – A. Triolet war ein leidenschaftlicher Reiter; die Helden des Romans »Die Karwoche« sind häufig zu Pferd unterwegs.

Ausstellung – Eine von E. T. organisierte, zusammengetragene und kommentierte Majakowski-Ausstellung unter dem Titel »Das Leben und Schaffen von Majakowski«, auf der auch der Film »Das Fräulein und der Hooligan« mit Majakowski in der Hauptrolle gezeigt wurde und zu der L. B.,

W. A. Katanjan, der sowjetische Schriftstellerverband und das Majakowski-Museum viel Material beigesteuert hatten.

230 *daß aus dem Buch nichts wird* – Aus den Ausstellungsmaterialien wollte E. T. ein Buch machen, wurde aber durch eine Erkrankung daran gehindert.

»Gras des Vergessens« – Im »Nowy mir« erschienene memoirenartige Erzählung von V. Katajew, die in bezug auf Majakowski allerlei Erfindungen enthält. Im ersten Teil schreibt er viel über I. Bunin, der ihn, K., angeblich sehr geschätzt habe.

N. Jewreinow – Schriftsteller, Dramaturg und Maler.

231 *Nora* – V. W. Polonskaja; am Morgen des 14. April 1930, nach einer Aussprache mit ihr, erschoß sich Majakowski nahezu vor ihren Augen. Den Abend davor hatten sie bei Katajew verbracht.

Auch den Kuß – Katajew schreibt in »Gras des Vergessens«, Majakowski habe ihn zum Abschied geküßt.

Während des Films – »Das Fräulein und der Hooligan«.

233 *Chém* – Paul Chémétoff; Designer.

Zelle 103 – Zelle im Butyrka-Gefängnis, in der Majakowski, 1909 wegen revolutionärer Tätigkeit verurteilt, einsaß.

234 *Sorin* – Botschafter der UdSSR in Frankreich.

Wassjas – L. B. war krank, den Brief hatten W. A. und sein Sohn W. W. Katanjan geschrieben, beide mit Rufnamen Wassja.

kann man ruhig sterben – E. T. starb am 16. Juni 1970.

235 *»Die Nachtigall ...«* – E. T.s letzter Roman, der in vielem autobiographisch ist.

235 *»Les chambres«* – Kapitel des Poems »Elsas Augen« von L. Aragon.

Inhalt

Verlag Volk & Welt Berlin

Michail Bulgakow und Isaak Babel in den Erinnerungen ihrer Frauen

Tatjana Lappa
Zeugnisse vom äußeren Leben
Aus dem Russischen von Charlotte Kossuth · 168 Seiten · Leinen DM 38,00 · ISBN 3-353-00920-5

Eine legendäre Frau zerstört eine Legende: Tatjana Lappa, Bulgakows erste große Liebe, im Dialog mit Leonid Parschin. Nicht nur für Literaturwissenschaftler eine Fundgrube.

Jelena Bulgakowa
Margarita und der Meister
Aus dem Russischen von Antje Leetz und Ottokar Nürnberg Mit Fotos · 596 Seiten · Leinen · DM 48,00 · ISBN 3-353-00958-2

Die Frau, die Bulgakows »Margarita« war, erinnert sich an neun gemeinsame Jahre. Ein sehr persönliches Dokument, erschütternd und voller Authentizität.

Antonia Piroshkowa
Ich wünsche Ihnen Heiterkeit
Aus dem Russischen von Renate Landa · Mit Fotos · 198 Seiten Leinen · DM 36,00 · ISBN 3-353-00984-1

Erinnerungen an Isaak Babel und an das Leben, das die Geschichten schrieb. Ein unverzichtbares Gegenstück zum großartigen literarischen Werk des russischen Autors.

In Ihrer Buchhandlung!

Frauen der Welt im dtv

Frauen in Spanien
Erzählungen

Frauen in Thailand
Erzählungen

dtv

dtv

Frauen in Afrika
Herausgegeben von
Irmgard Ackermann
dtv 10777

Frauen in der
arabischen Welt
Hrsg. v. Suleman Taufiq
dtv 10934

Frauen in China
Hrsg. v. Helmut Hetzel
dtv 10532

Frauen in der DDR
Hrsg. v. Lutz W. Wolff
dtv 1174

Frauen in Frankreich
Herausgegeben von
Christiane Filius-Jehne
dtv 11128

Frauen in Griechenland
Herausgegeben von
Maria Bogdanu u.a.
dtv 11396

Frauen in Indien
Herausgegeben von
Anna Winterberg
dtv 10862

Frauen in Irland
Hrsg. v. Viola Eigenberz
und Gabriele Haefs
dtv 11222

Frauen in Italien
Herausgegeben von
Barbara Bronnen
dtv 11210

Frauen in Japan
Hrsg. von Barbara
Yoshida-Krafft
dtv 11039

Frauen in
Lateinamerika 1
Herausgegeben von
Marco Alcantara
und Barbara Kinter
dtv 10084

Frauen in
Lateinamerika 2
Herausgegeben von
Marco Alcantara
dtv 10522

Frauen in New York
Herausgegeben von
Margit Ketterle
dtv 11190

Frauen in Persien
Herausgegeben von
Touradji Rahnema
dtv 10543

Frauen in der Schweiz
Herausgegeben von
Andrea Wörle
dtv 11329

Frauen in Skandinavien
Herausgegeben von
Gabriele Haefs und
Christel Hildebrandt
dtv 11384

Frauen in der
Sowjetunion
Herausgegeben von
Andrea Wörle
dtv 10790

Frauen in Spanien
Herausgegeben von
Marco Alcantara
dtv 11094

Frauen in Südafrika
Herausgegeben von
Dorothea Razumovsky
dtv 11347

Frauen in Thailand
Herausgegeben von
Hella Kothmann
dtv 11106

Frauen in der Türkei
Herausgegeben von
Hanne Egghardt und
Ümit Güney
dtv 10856

Doris Lessing
im dtv

Foto: Isolde Ohlbaum

Martha Quest

Die Geschichte der Martha Quest, die vor dem engen Leben auf einer Farm in Südrhodesien in die Stadt flieht. dtv/Klett-Cotta 10446

Eine richtige Ehe

Unzufrieden mit ihrer Ehe sucht Martha nach neuen Wegen, um aus der Kolonialgesellschaft auszubrechen. dtv/Klett-Cotta 10612

Sturmzeichen

Martha Quest als Mitglied einer kommunistischen Gruppe in der rhodesischen Provinzstadt gegen Ende des Zweiten Weltkriegs. dtv/Klett-Cotta 10784

Landumschlossen

Nach dem Krieg sucht Martha in einer Welt, in der es keine Normen mehr gibt, für sich und die Gesellschaft Lösungen. dtv/Klett-Cotta 10876

Die viertorige Stadt

Martha Quest geht als Sekretärin und Geliebte eines Schriftstellers nach London und erlebt dort die politischen Wirren der fünfziger und sechziger Jahre. dtv/Klett-Cotta 11075

Vergnügen · Erzählungen
dtv/Klett-Cotta 10327

Wie ich endlich mein Herz verlor
Erzählungen
dtv/Klett-Cotta 10504

Zwischen Männern
Erzählungen
dtv/Klett-Cotta 10649

Nebenerträge eines ehrbaren
Berufes · Erzählungen
dtv/Klett-Cotta 10796

Die Höhe bekommt uns nicht
Erzählungen
dtv/Klett-Cotta 11031

Ein nicht abgeschickter
Liebesbrief
Erzählungen
dtv/Klett-Cotta 25015 (großdruck)

Die andere Frau

Eine auf den ersten Blick klassische Dreiecksgeschichte, die bei Doris Lessing jedoch einen ungewöhnlichen Ausgang findet.
dtv/Klett-Cotta 25098 (großdruck)

Angelika Schrobsdorff im dtv

© Isolde Ohlbaum

Die Reise nach Sofia

Die Begegnungen zweier Jugend-
freundinnen, von denen die eine
heute in Paris, die andere in Sofia
lebt, werden zum Ausgangspunkt
amüsant geplauderter, aber mit
analytischer Ironie erfaßter Beobachtungen über Konsum und
Liebe, Freiheit und Glück in Ost
und West. »Der Sinn dieser Geschichte ist so uneindeutig wie die
Wirklichkeit selbst. Sie gestatten
dem Leser, zu seinem größten
Vergnügen, sie durch seine eigenen Gedanken, seine eigene Phan-
tasie weiterzuspinnen«, schrieb
Simone de Beauvoir in ihrem Vorwort. dtv 10539

Die Herren
Roman

Die Herren, das sind nicht nur die
politischen Machthaber, sondern
auch die Männer, die das Leben
der jungen Eveline Clausen ge-
prägt haben: Boris, die erste
Liebe, der Engländer Julian, der
amerikanische Offizier, der sie
heiratet, der Regisseur Werner
Fischer, an dem ihre Ehe zerbricht
und dessen Künstlerpathos sie
doch so rasch leid wird. dtv 10894

Jerusalem war immer eine schwere Adresse

Der Staat Israel ist in den Augen
von Angelika Schrobsdorff »das
interessanteste, irrwitzigste Land
der Welt«, er fasziniert und erschreckt sie zugleich. Ihre genaue
Beobachtungsgabe, ihre Ehrlich-
keit und ihre sanfte Ironie geben
diesem Bericht über einen scheinbar aussichtslosen Konflikt zweier
Völker seine befreiende Wirkung.
dtv 11442

Der Geliebte
Roman

Zwei Menschen von gänzlich
verschiedener Lebensauffassung
suchen nach einer Perspektive für
ihre Beziehung. Während er sich
energisch bemüht, eine dunkle
Vergangenheit zu vergessen, weiß
sie, daß die einfachen Lösungen
nicht für sie taugen. – Im Schicksal
der Personen spiegeln sich,
Angelika Schrobsdorffs Züge aus
eigenem Leben. dtv 11546

Irmgard Keun
im dtv

Foto: Isolde Ohlbaum

Das kunstseidene Mädchen

Doris will weg aus der Provinz,
die große Welt erobern. In Berlin
stürzt sie sich in das Leben der Tanz-
hallen, Bars und Literatencafes –
und bleibt doch allein. dtv 11033

Das Mädchen, mit dem die Kinder
nicht verkehren durften

Von den Streichen und Abenteuern
eines Mädchen, das nicht bereit
ist, die Welt einfach so zu akzeptie-
ren, wie sie angeblich ist. dtv 11034

Gilgi – eine von uns

Gilgi ist einundzwanzig und hat
einiges satt: die Bevormundung
durch ihre (Pflege-)Eltern, die
»sich ehrbar bis zur silbernen
Hochzeit durchgelangweilt«
haben, die »barock-merkantile«
Zudringlichkeit ihres Chefs und
den Büroalltag sowieso. Da trifft
es sich gut, daß sie sich in Martin
verliebt. Doch als sie bei ihm
eingezogen ist, kommen Gilgi
Zweifel ... dtv 11050

Nach Mitternacht

Deutschland in den dreißiger Jahren. Ein Konkurrent hat Susannes
Freund Franz denunziert. Als er
aus der »Schutzhaft« entlassen
wird, rächt er sich bitter, und
Susanne muß sich entscheiden ...
dtv 11118

D-Zug dritter Klasse

In der Zeit des Nationalsozialismus
treffen in einem Zug von Berlin
nach Paris zufällig sieben Menschen
aus unterschiedlichsten Gesell-
schaftsschichten und mit unterschiedlichsten Reisemotiven
zusammen ... dtv 11176

Ferdinand, der Mann mit dem
freundlichen Herzen

Ferdinand ist ein Mann unserer
Tage, eine provisorische Existenz,
wie wir es ja mehr oder weniger alle
sind. Es geht ihm nicht gut, aber es
gelingt ihm, meistens heiter zu sein,
das Beste aus seinem Leben zu
machen. dtv 11220

Ich lebe in einem wilden Wirbel
Briefe an Arnold Strauss
1933 bis 1947
dtv 11229